胎教280天

每日一读

王　琪◎主编

中国妇女出版社

图书在版编目（CIP）数据

胎教280天每日一读 / 王琪主编.--北京：中国妇女出版社，2017.1

ISBN 978-7-5127-1314-7

Ⅰ.①胎…　Ⅱ.①王…　Ⅲ.①胎教—基本知识 Ⅳ.①G61

中国版本图书馆CIP数据核字（2016）第133633号

胎教280天每日一读

作　　者：王　琪　主编
策划编辑：王晓晨
责任编辑：袁　荣
装帧设计：尚世视觉
责任印制：王卫东
出版发行：中国妇女出版社
地　　址：北京市东城区史家胡同甲24号　　邮政编码：100010
电　　话：（010）65133160（发行部）　　65133161（邮购）
网　　址：www.womenbooks.com.cn
经　　销：各地新华书店
印　　刷：北京中科印刷有限公司
开　　本：170×240　1/16
印　　张：20
字　　数：330千字
版　　次：2017年1月第1版
印　　次：2017年1月第1次
书　　号：ISBN 978-7-5127-1314-7
定　　价：49.80元

目录

第2个月 营养素，为胎教储备能量 …………………… 19

专题 了解胎教，做好胎教准备

什么是胎教

所谓胎教，就是给胎儿创造良好的孕育环境，通过准妈妈与胎儿正常的信息交换，使胎儿获得良好的宫内教育，促使胎儿的身心健康成长。胎教的内容包括准妈妈的孕期保健、外界环境对准妈妈的影响和准妈妈情绪波动对胎儿的影响，其中准妈妈保持良好的精神状态尤为重要。

胎儿在子宫内可以学习、倾听、感觉和记忆。胎儿在16周时已经有触觉和味觉；到18周时，胎儿会有视觉和听觉；到30周时胎儿会有记忆。

胎教的真谛在于激发胎儿自身的潜力，胎教可以改变、强化胎儿素质。受过胎教的婴幼儿学走路、学说话都比较早，反应灵敏，记忆力强，而且在智能、个性、情感、能力等方面的发育都有突出的表现。

据研究，人的智力获得，50%在4岁以前，30%在4～8岁，20%在8岁以后完成，而4岁以前的那50%就包括胎教在内。婴儿在出生前形成的大脑旧皮质是出生后形成的大脑新皮质的基础，只有在大脑旧皮质良好的基础上才能使大脑新皮质得到更好的发育，以达到正常的智商水平，发挥其应有的才能。脑细胞的特点是其增殖时“一次性完成”，一旦错过这个实施胎教的大好时机就永远无法补偿了。美国费城一家生理研究所对200多名接受过胎教的4～7岁儿童进行了调查，结果发现接受过胎教的儿童比没有接受胎教的对照组智商要高20%～45%。胎儿有了发育良好的大脑，还要保护它不受到损伤，如外伤、产伤、中枢神经系统感染（无论是宫内感染还是产后感染）、高热等。

胎教是对胎儿的良性刺激，并非早教

古人认为胎儿在母体中能够受准妈妈言行的感化，所以，准妈妈必须谨守礼仪，给胎儿以良好的影响。胎教，一方面是胎，一方面是教，它是胎与教相结合的学问。“胎”是受教育的实体，“教”是指胎儿在母体内能受到各方面的感化并接受教育、教养之意。准妈妈在各方面有意识地、主动地采取一些相应措施，对胎儿进行良好影响的方法就是胎教。

胎教有广义和狭义之分。广义的胎教，是指为了促进胎儿生理和心理健康发育成长，同时确保孕妇能够顺利度过孕期所采取的精神、饮食、环境、劳逸等各方面的保健措施。因为如果没有健康的母亲，就不能生育出健壮的宝宝。

狭义的胎教，是指妊娠期间，在加强准妈妈的精神、品德修养和教育的同时，重点通过母体，利用一定的方法和手段，刺激胎儿的感觉器官，以激发胎儿大脑和神经系统的有益活动，从而促进其身心健康发育。

通常所说的胎教，一般是指狭义的胎教。然而，广义和狭义的胎教是统一的，两者不可偏废，准妈妈保健和对胎儿感官进行有益的刺激是胎教的两个重要内容。

目前，人们对胎教的认识还存在许多误区。有些人甚至根本不相信胎教，认为胎儿根本就不可能接受教育。这是不了解胎儿的发育情况和能力而造成的误解。实际上，5个月的胎儿就已经有能力接受教育了。这里所说的教育，不同于出生后的教育，主要是指对胎儿六感功能的训练，即皮肤的感觉、鼻子的嗅觉、耳的听觉、眼的视觉、舌的味觉和躯体的运动觉。胎教的目的，不是教胎儿唱歌、识字、算算术，而是通过各种适当的、合理的信息刺激，促进胎儿各种感觉功能的发育成熟，为出生后的早期教育（即感觉学习）打下一个良好的基础。

胎教对胎儿的益处

胎教是一种比较特殊的教育，胎儿在宫内的学习与出生后宝宝的学前学后教育都不一样，不同于一般的学习概念和学习功利性。胎教并不是要向胎儿灌输生活知识和科学知识，而是为了促进胎儿的身心发育，提高胎儿的个体功能，对胎儿的心灵起到塑造、健全、完善和完美的作用。那么，胎教究竟有什么样的现实意义呢?

促进胎儿大脑健康发育

由于胎教的内容集情感、艺术、形象和声音于一体，因而可促进胎儿右脑的发育，使宝宝出生后知觉和空间感灵敏，更容易培养其音乐、绘画等方面的鉴赏能力，并使宝宝情感丰富，形象思维活跃，直觉判断准确。同时，胎教给胎儿大脑以新颖、鲜明的信息刺激，具有怡情养性的作用，因而有利于胎儿大脑的健康发育。

此外，胎教还有利于胎儿大脑潜能的全面开发。由于胎教重视情感化和形象化，胎儿的语言学习和数字等知识学习会很容易，这也就调动了左脑的功能，令左右脑功能得到互补，使胎儿出生后大脑的潜能得以更好地发挥和利用。

有利于胎儿的心理健康

胎教对胎儿的心理影响是积极的、能动的，不仅有利于胎儿感知能力的培养，而且有利于胎儿情感接受能力的培养，使胎儿未出世就容易在感知、情感等方面和父母相互沟通和交流。触摸胎儿时，胎儿能做出相应的动作；为胎儿播放音乐或唱歌时，胎儿能变得很安宁，这都是感知能力和情感接受能力的体现。这两种能力是基本的心理功能，有了这两种能力，宝宝在出生后的成长过程中就能更好地接受审美教育，具有想象、直觉、顿悟和灵感能力，并具有情感体验、调节和传达能力，使宝宝心智得到健全发展。

有利于完善胎儿的人格

胎教有助于胎儿以及胎儿出生后精神素质的塑造，即有助于人格的完善。人格的形成与人的早期经验有很大关系，如果能够在人生的开始就受到整体性的审美教育，那么这种教育就会对一个人的心灵产生长远的、深刻的、潜移默化的影响，最终使这个人的人格趋向完善，并使这个人成为一个真诚、善良、美丽的人，成为能够自我认识、自我完善和自我实现的人。胎教就是人生最早的审美教育，对一个人的发展起着开创性的作用，正如人们常说的那样，良好的开端就是成功的一半。通过澳大利亚和我国的专家对胎教儿童的追访表明，接受过胎教的儿童大都性格活泼、爱蹦爱跳，而且身体健康、聪明好学，有的成为早慧儿童，有的具有艺术等方面的特殊能力。

儿童智能的发育受后天环境与教育等多种因素的影响，因此很难单独评价胎教的作用，但胎教为婴幼儿智能发育奠定了一个良好的基础，并对儿童早期教育的开发起到了积极的作用，这一点是毋庸置疑的。

胎教更能激发右脑潜能

左脑是语言脑，右脑是图像脑。1981年加州理工学院的罗杰·斯佩里教授在因对右脑和左脑的研究获得诺贝尔生理学或医学奖后，人们逐渐认识到了它们的区别。通常，人们只是机械性地使用左脑，但左脑会抑制右脑发挥作用。实际上，右脑蕴藏着天才的能力，只要学会使用右脑，每个人都能变得优秀。在早教课程中，不少专家都把开发宝宝的右脑列为一项重要课程，这样的课程听起来高深莫测，其实并不难，在胎教中就可以开始尝试。

右脑式朗读

准妈妈在朗读的时候，可以试着把这些语言通过自己的想象使其形象化，也就是把文字描绘成画面，以便更具体地传达给胎儿。

因为胎儿的大脑已经开始发育了，他对语言的接收不是用耳而是用脑来进行的，所以对他讲话不能单凭声音，还要在头脑中先把所讲内容形象化或是抓住某种感觉再讲出来，这样，语言就变成了一帧帧画面或是立体的形象，准妈妈和胎儿之间就形成了一种立体的双向传递方式。

右脑式欣赏

准妈妈在欣赏美好的画面时，不宜走马观花，而是要尽量记住这些美好的画面，即使画面在眼前消失，美好的印象仍保留在脑海中，这无疑是对胎儿的一种良好刺激。同样，准妈妈在聆听美好的乐曲时，总会有那么美妙的一两段旋律在心中盘旋，这也构成了立体的传递，对胎儿的右脑发育大有好处。

右脑负责爱

右脑世界是充满爱的世界，心中充满爱，没有私心，才能更轻松地开发右脑。认识到这一点后，右脑胎教就是水到渠成的了。

小贴士

右脑最基本的功能就是心灵感应。胎儿时期，准妈妈与胎儿进行心灵交流，使母子产生一体感，就能发挥心灵感应的能力，心灵感应是一种不通过语言就能进行交流的能力。

受过胎教的宝宝就是不一样

胎教是集优生、优育、优教于一身的学问。国内外大量实践证明，经过良好胎教的婴儿，在听力、记忆力、性格等方面都表现出明显的优势。

情绪更稳定

接受过情绪胎教的宝宝很少无故哭闹，情绪比未接受过胎教的宝宝稳定、易安抚，能够较好地适应外界环境，容易形成与大人一样的作息规律，养育起来更为轻松。

学话能力更强

接受过语言胎教的宝宝学说话的能力比没有接受过胎教的宝宝强，开始说话的时间较早，学习语言的能力较强。受过语言胎教的宝宝，6个月左右就可以用不同的语音、语调表达自己的意思，提醒妈妈喂奶或者帮助他大小便，让家长照顾起来更得心应手。

运动能力更强

接受过运动胎教的宝宝运动神经发育较早，手的抓握能力及四肢的运动协调能力强，能够较早地抓住玩具并进行玩耍。

音乐智能更高

接受过音乐胎教的宝宝对音乐很敏感，学习音乐和唱歌的能力强。另外，这样的宝宝出生后听到音乐声就容易安静下来，可以减少宝宝哭闹的时间。

更能适应新环境

接受过胎教的宝宝感觉很灵敏，能够敏锐地察觉到环境的变化，且接受能力强，不会因为到了陌生的环境就哭闹不已。另外，接受过胎教的宝宝记忆能力较同龄宝宝强，记东西也快。

社交能力更强

接受过胎教的宝宝外向活泼，喜欢与他人接触，在面对陌生人的时候也不会害怕、害羞。能通过与他人的接触，较早地理解各种口头语言和肢体语言，并且很爱笑，与他人互动好，更容易被他人接受。

总之，接受过胎教的孩子将来学习识字、听课、唱歌、游戏、与人互动等能力都较强。因此，只要认真努力地实施胎教，一定可以全面开发孩子的智力。但要注意，宝宝出生后必须继续进行教育，才能巩固成果。

胎教从什么时候开始好

每一个宝宝在胎儿期都将有相同的潜能，如果这些潜能得不到及时开发，就有可能会被永远掩盖。胎教的主要功能之一就是帮助胎儿开发潜能。

胎教最重要的时间就是在脑部的发育阶段。脑部能否迅速发育，主要因胎教的实施情况而定。胎教是有意识地对胎儿进行教育，在大脑形成期给予充分的营养和适当的信息诱导。适宜地开发，大脑皮层的沟回就会相应增多，孩子也就越聪明。

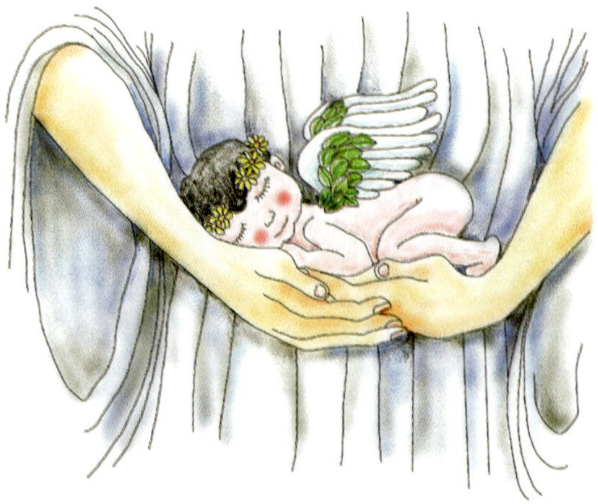

胎教开始的时间

从广义上讲，胎教应该从择偶就开始，因为父母的形象、教养、性格、品质和健康状况等对子女都会产生深刻的影响。从优生学的观点讲，胎教应从孕前3个月开始，以确保“种子”的优良和“土壤”的肥沃。从狭义、具体地施加“刺激影响”方面来说，应该从怀孕1～3个月开始。父母传送给胎儿的信息，具有决定孩子未来的作用。准爸妈们应该好好把握这个时间。

胎教的重点

胎教并非单纯地教导胎儿学习数字或文字，究竟科学的胎教是什么，胎教的重点又是什么呢？

专家提醒准爸妈，胎教本身是为了促进胎儿感官功能的发育。那么只要是对胎儿有益的事情都可以归入胎教的范畴。大到环境的改善、情绪的调节，小到听音乐、散步及与胎儿说悄悄话都是胎教的内容。在怀孕期间保持稳定的身心状态、多用积极乐观的心态影响胎儿，是胎教的精髓所在。

胎教要顺应胎儿的身心发展规律

胎教其实并不难，只要顺应胎儿身心发展的自然规律，为其“修路搭桥”，为他的生存发展创造一个好环境，父母健康的身心，优美、宁静、舒适、和谐的生活环境，母亲平和、安乐的心境，这些都能使胎儿的感觉器官——大脑皮质受到良性刺激，为孩子将来拥有大智慧和好性情奠定基础。

每天胎教需要多长时间

从广义上来说，从备孕就应该开始为胎教做准备。在不影响准妈妈和胎儿休息的情况下，胎教的时间长短没有限制，随时随地都可以进行。

音乐胎教类：准妈妈可以选择自己喜欢的，或轻缓柔和，或欢快流畅的音乐，每天按照实际情况安排一次10分钟左右的音乐胎教时间。

情绪胎教类：包括讲故事，读诗歌、散文等，宜选择篇幅较短的，内容积极正面的进行朗读，时间控制在10分钟左右。

实施胎教的最佳时间

中午12点：此时人的视力处于最佳状态，可以清晰地看到美丽的风景，准妈妈可以在这段时间欣赏优美的绘画作品。

晚8点左右：这个时间是准妈妈听觉神经最敏感的时间，也是最佳胎教时间。准妈妈已经吃过晚饭并稍作休息，精神慢慢恢复。此时最好能和准爸爸一起进行胎教，效果更佳。

以上是针对不同胎教方法所需要的时间。日常生活中，准妈妈和准爸爸给胎儿营造一个良好的生长环境，在正确的时间选择正确的胎教内容，就是对胎儿最好的爱。带着这份爱，让我们开始胎教的旅程吧！

怀二胎的妈妈可以让大宝参与胎教

根据杜恩和肯德里克对儿童如何接纳新生婴儿进行的研究表明，随着第二个孩子的出生，母亲对第一个孩子的关注会有所减少，而第一个孩子如果已经满2岁或者更大，往往能够很容易地感知到自己与父母间的亲密关系已经被弟弟（妹妹）的到来而破坏。因此，他们会变得更加对立和具有破坏性。同时，对父母的依恋程度也会降低。

对于准备要二胎的家庭，父母要和大宝沟通好。怀孕以后也不要忽视了对大宝的关爱和教育。如果是意外怀孕的，也需要把这件事自然地告诉给大宝，如何让大宝欣然接受即将到来的弟弟（妹妹），需要爸爸妈妈花费一些心思。

让大宝参与整个孕程

确认怀孕以后，要把这件事自然地告诉大宝，并经常和大宝谈论肚子中的弟弟（妹妹），告诉大宝，小宝住在妈妈的肚子里，需要大家的关爱。你是大哥哥（大姐姐），以后你就有小弟弟（小妹妹）了。

让大宝参与胎教

怀有二胎的家庭，妈妈不要因为怀孕后的妊娠反应或身体疲倦而忽略了对大宝的关爱和教育。对于比较小的孩子，爸爸妈妈每天要有一定的时间和他一起做游戏、画画、唱歌、跳舞、学英语……在这个过程中，大宝会感受到爸爸妈妈并没有因为肚子里的胎儿而减少了对他爱。同时，这些活动也是一种胎教，让肚子里的胎儿听到爸爸妈妈和哥哥（姐姐）的笑声、歌声，感受到来自家庭的浓浓的亲情和温暖。

既是胎教书，也是亲子早教书

音乐、故事、儿歌、亲子游戏、散文、诗歌、幽默笑话、油画、简笔画、涂色游戏、手工、运动……本书提供了大量素材，这些内容既可以作为胎教训练来进行，又是不可多得的早教素材，怀二胎的妈妈可以选择适合大宝的内容，带着大宝一起做，可谓一举多得。

孕早期胎教要点

1.第1个月应多加轻抚。第1个月末给予还是“胚胎”的胎儿适当的物理刺激，如轻轻抚摩等，将有助于胎儿大脑的发育。

2. 第2个月多注意用药安全和营养。此时到了胚胎发育最关键的时期，胚胎对致畸因素比较敏感，要多注意用药安全。此外，孕吐反应可能引起营养不良，要树立母儿同安的观念，在精神与饮食营养上保护胎儿。

3. 第3个月多注意保持愉快的心情。胚胎各器官分化到了关键期，愉快的心情可调节内分泌，进而促进胎儿的发育。

孕中期胎教要点

1. 感觉训练。胎动的出现标志着胎儿中枢神经系统已经分化完成，这时应给胎儿各感觉器官适时、适量的良性刺激，这样还可以为宝宝出生后的早教奠定基础。

2. 听觉训练。有意识地对胎儿进行听觉训练，如播放优美抒情的乐曲、聊天、讲故事等，以刺激胎儿的听觉发育。

3. 触觉与动作协调训练。胎儿这时对触觉与力量很敏感，准妈妈可轻轻拍打和抚摩腹部，这对胎儿将来动作的灵活性与协调性有益。

4.健康监护训练。多注意自己身体的水肿、便秘等问题，学会监护胎儿、数胎动、听胎心等。

孕晚期胎教要点

1.光敏感训练。随着胎儿各器官发育成熟，当光源经腹壁照射时，胎儿的头部可转向光源方向，并出现胎心率的改变。

2.重复以往的胎教训练。为了巩固胎教效果和促进分娩，准妈妈应适当坚持重复以往的一些胎教内容，并保持良好的情绪。

3. 分娩训练。准妈妈还应掌握相应的分娩知识，多练习一些分娩技巧。

第1个月 生命的开始

第1~4周

生命的初始：当精子遇到卵子

人们往往用“怀胎十月”来形容准妈妈所要经历的怀孕历程，其实，按照实际公历月计算，胎儿在准妈妈子宫内生活的时间并没有10个月那么长。几乎所有准妈妈都是在停经以后确知怀孕的，这就给怀孕的时间计算带来了麻烦。为了方便计算，所以怀孕期一般都以准妈妈末次月经的第一天为起始时间。

第1周，备孕女性正处于月经期，“胎儿”还只是一个正在发育的卵子；第2周周末，排卵期就会开始，卵巢会排出一枚成熟的卵子；第3周时，精子和卵子已经结合在一起形成受精卵。

受精卵一直不停地分裂，当成为由100多个细胞组成的细胞团时，它已经经历了43次分裂，因其形状像桑葚，所以被称为“桑葚胚”，它会继续分裂成一个中空的胚泡，当胚泡到达子宫腔后，会黏附在子宫壁的表面，并从血管里汲取氧气和营养，细胞分裂过程中产生的蛋白分解酶会帮助胚泡溶解子宫内膜，然后慢慢地住进子宫内膜中。在接下来的约5天时间里，胚泡会完成着床。在着床的过程中，胚泡不断进行细胞分裂，到受精后约12天，胚泡几乎全部被子宫内膜增生的上皮所覆盖，形成一个小小的隆起，这就是胚盘。

大多数准妈妈此时感觉不到任何异常，有些敏感的准妈妈可能感受到妊娠反应了，如：疲劳、乳房变软、消化不良等。这时候子宫、乳房大小形态还看不出有什么变化，体形和孕前也没什么区别。

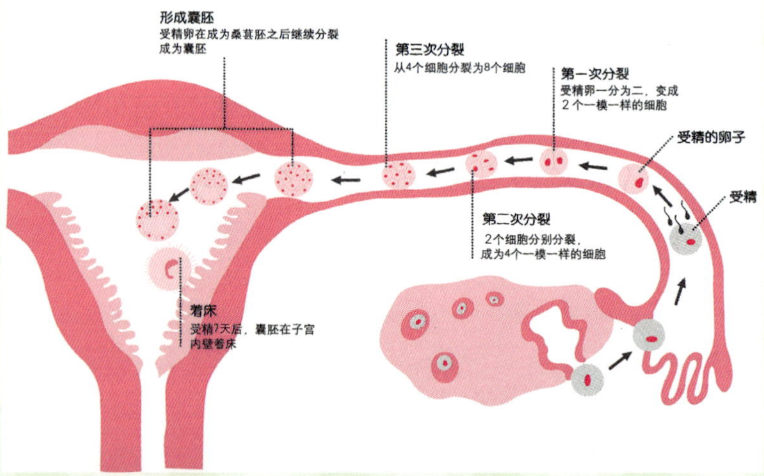

排卵和受精的过程

准妈妈的情绪决定胎教的成败

母子间有心电感应

研究表明，宝宝从胎儿期开始，就能借着心电感应来感觉母体带来的波动了。准妈妈的情绪会通过神经递质的作用影响到胎儿，当准妈妈无忧无虑、开心舒畅时，这种良好的情绪会促进胎儿大脑的发育，如果准妈妈情绪低落、不安，将对处于敏感期的胎儿神经系统的发育不利。

情绪胎教从调节自我情绪开始

孕早期准妈妈的生理反应比较剧烈，如恶心、呕吐、乏力、食欲不振等，往往影响准妈妈的心情、情感与心理平衡，而恰恰此阶段既是胚胎各器官分化的关键时期（胚胎于此阶段形成），也是胎教开始的重要阶段。

准妈妈的情绪会通过内分泌的改变影响胎儿的发育，准妈妈在怀孕早期的不愉快心情，往往可以影响到胚胎。因此，孕早期保持健康而愉快的心情是这一时期胎教的关键。

胎教要从准妈妈自我情绪调节开始。其实，从怀孕之日起每个准妈妈已经在自觉或不自觉地开始了胎教，这就是夫妻双方（尤其是准妈妈）对新生命的渴望，对饮食起居的安排与调整。如果准妈妈对早孕反应过于敏感和紧张，甚至反感和厌恶，将不利于胎儿的身心健康和发育。

这一时期，除了准妈妈的个人情绪调节以外，也可以按照胎儿感觉功能发育顺序，给予胎儿适当超前的良性感官刺激。

准妈妈情绪虽然仅属于间接胎教范畴，但是对胎儿大脑发育有着重要影响，务必引起足够重视。

保持旺盛的求知欲

现代胎教认为，准妈妈和胎儿之间的信息传递可以使胎儿感知到准妈妈的思想，如果准妈妈既不思考也不学习，胎儿也会受到感染，变得“懒惰”。倘若准妈妈保持旺盛的求知欲，则可使胎儿不断接受刺激，促进大脑神经细胞发育。

准妈妈尽量不参加紧张、刺激的活动，不看暴力、恐怖的影视剧，以免神经高度紧张刺激到胎儿的大脑发育。准妈妈可以多欣赏优美的音乐，阅读活泼有趣、积极健康的文学作品，到风景秀丽的地方去散步，保持正常的生活规律，避免不健康的生活方式。

宝宝性格爸妈定

性格是儿童心理发展的一个重要组成部分，它在人生的历程中起着举足轻重的作用。我们知道，人的性格是先天遗传因素和后天成长环境共同作用的结果。环境对性格的影响从胎儿期就开始了，“人之初”的心理体验对日后的性格形成影响深远。因此，在怀孕期间注重胎儿性格方面的培养就显得尤为必要。

准妈妈的子宫是胎儿的第一个环境，许多研究表明，孕妇的精神状态、情感、行为、意识等也同样可以引起激素分泌的异常改变，从而影响到胎儿的性格形成。如果这里充满和谐、温暖、慈爱的气氛，那么胎儿幼小的心灵将受到同化，意识到等待自己的那个世界是美好的，进而逐步形成热爱生活、果断自信、活泼外向等优良性格的基础。反之，倘若夫妻生活不和谐、不美满，经常吵架，甚至充满了敌意和怨恨；或是夫妻有一方不欢迎宝宝，从心理上排斥、厌烦，那么胎儿就会痛苦地体验到这种冷漠、仇视的氛围，随之形成孤寂、自卑、多疑、怯弱、内向等性格的基础，这显然对胎儿今后的人生会产生极为不利的影响。

在孕早期，受怀孕影响，准妈妈体内的激素分泌状态会发生变化，情绪极易波动，总是表现得精神疲倦、闷闷不乐，这对胎儿非常不利。此时受精卵刚刚在准妈妈的子宫中着床，还很脆弱，如果在这个敏感的时期不小心刺激了胚胎，容易导致胚胎发育异常，甚至流产。

所以，准妈妈要学会控制自己的不良情绪，保持愉快的心情，避免对胎儿造成伤害。

从受精卵开始，胎宝宝就已经开始不断接收准妈妈的信息了。准妈妈的好心情会让胎宝宝觉得安稳，准妈妈的坏情绪则可能会影响到胎宝宝的健康发育。所以，准妈妈不仅需要饮食方面的营养，更需要有愉快的心情和稳定的情绪，即“心理营养”。

愉快的情绪可以使人体血液中氧气充足，使准妈妈和胎宝宝都处于放松、安静的状态。在这种环境下，胎宝宝就会更愿意接触外面的世界，对一切充满好奇心与期待，从而有助于以后形成健康、积极向上、乐观的性格。

准爸爸在胎教中的“角色定位”

做准妈妈的“心理咨询顾问”

由于在生理上和心理上的变化，准妈妈在妊娠期间的脾气、性格会发生一定程度的变化，常会出现烦躁、易怒、紧张、抑郁等情绪波动。面对准妈妈的不良情绪，准爸爸要做好开导工作。在准妈妈发脾气、愤怒的时候，准爸爸应以最宽大的胸襟面对准妈妈，不仅不可随性地与准妈妈争吵，还应以换个角度的方法调节准妈妈的情绪，而且要提醒准妈妈，发脾气会影响胎儿的健康。准爸爸还可以开动脑筋制造一些小惊喜，帮助准妈妈增加生活情趣并缓解不良情绪。

做准妈妈的“保姆”

准妈妈在孕早期会出现一定程度的妊娠反应，如果调理得当，则能安心度过孕早期。相反，如果准爸爸没有照料好准妈妈，很可能会加重她的妊娠反应，也可能令她出现不良情绪，从而影响准妈妈自身及胎儿的健康。为此，准爸爸要在精神和物质两方面，充分照顾好准妈妈。

在精神方面，准爸爸要一切从准妈妈的角度出发，多与准妈妈聊天、沟通，给她讲些小笑话和幽默故事，经常和她腹中的胎儿说说话，以使她的心情更加愉快。

在物质上，准爸爸应保证准妈妈充分的营养摄取，同时，针对恶心、食欲不振等妊娠反应，为准妈妈提供一些口味清淡、易于消化的可口食物。

做准妈妈的贴心“保护伞”

准爸爸对准妈妈的爱护对于母子俩都是非常重要的。这个时候的准爸爸，应该义不容辞地承担起照顾准妈妈、为准妈妈创造最佳养胎环境的重任。例如，准妈妈出门的时候，准爸爸应陪伴在其身边，照顾她的出行，避免其腹部受到碰撞。在家里，准爸爸应给母子创造最安静、舒适、温馨的家庭环境，以避免不良环境对胎儿的不利影响。

夫妻关系影响胎儿的情绪

情绪胎教主要就是通过阅读一些优美的文字，听一些动人的乐曲，和别人进行交流，做一些自己感兴趣的事情等方式，让准妈妈获得幸福感，平和情绪，带给胎儿最好的精神营养和“正能量”。

夫妻感情融洽是家庭幸福的重要条件之一，同时也是胎教和优生的重要因素。在美满幸福的家庭中，胎儿会安然舒畅地在母亲腹内顺利成长，生下的宝宝往往聪明、健康、漂亮。倘若夫妻感情不和，彼此间经常争吵，长期精神不愉快或过度忧伤抑郁，会导致准妈妈大脑皮层的高级神经中枢活动障碍，可引起内分泌、代谢过程等发生紊乱，并直接影响到胎儿。如果在怀孕早期，夫妻之间经常争吵，准妈妈情绪波动太大，可导致胎儿发生唇裂等畸形，并影响出生后婴儿的情绪；如果在怀孕中晚期夫妻不和而致准妈妈精神状态不佳，则会改变胎动次数，影响胎儿的身心发育，宝宝出生后往往表现为烦躁不安、易受惊吓、哭闹不止、不爱睡觉、经常吐奶、频繁排便、明显消瘦等。可见，夫妻感情直接影响着胎教效果，关系到宝宝的身心健康。

国外研究机构的观察实验发现，准妈妈在争吵后，3周以内仍情绪不宁，此间的胎动次数也较前增加1倍。有些女性怀孕时丈夫脾气不好或自身精神状况不佳，所生的婴儿多有消化功能不良等现象。据统计，这类感情不和的夫妻孕育的胎儿在身心缺陷方面的概率比那些美满和谐、感情融洽的夫妻所生的宝宝要高1.5倍，出生后婴儿因恐惧心理而出现神经质的概率也比后者高4倍，这类儿童往往发育缓慢，怯懦胆小。

准备一个手账本，记录孕期时光

市场上的手账本设计新颖，包装精美，想必很多准妈妈都经不住“诱惑”入手一本甚至很多本，当然如果你希望自己的孕期日记更加独特，可以自己DIY（自己动手），做一本自己的专属手账。手账记录的内容可以是流水账，比如每天做了些什么、进行了哪些检查、吃了什么，也可以有感而发，记录自己的小心情和孕期发生的趣事。有时候可能会因为身体不适而不能坚持，如果可能的话，可以让准爸爸代劳，千万不要半途而废哦。

记流水账

××××年×月×日 星期× 天气晴 孕××周 第××天

7点起床，跟宝宝说声“早上好”，然后起床、刷牙、准备早餐。

7点半，打开胎教音乐，宝宝轻轻蠕动了一会儿，老公吃过早餐，急急忙忙上班去了，临走跟宝宝打招呼，说：“宝宝，爸爸上班去啦！”

9点，收拾完，换上运动鞋，我准备去散步了。

今天天气真好，天真蓝，公园里最近飞来一群大雁，我每天都带了杂粮、面包来喂它们。

晒着太阳，看大雁争先恐后地抢食吃，好开心！不知道肚子里的宝宝能看到它们吗？如果它们明年还来，我就能带着宝宝一起来喂它们了。

中午，妈妈做的虾仁炒芦笋、大米小米饭、番茄牛肉、凉拌豆腐丝，太香了。

午睡前给宝宝读了泰戈尔的诗，宝宝很安静，看来是很喜欢听哦。

午睡后，妈妈陪我逛商场，买了一条裙子，虽然有点儿贵，但是为了去参加闺蜜的婚礼，当然要打扮得漂漂亮亮的啦！闺蜜终于找到了心上人，真心为她高兴！明年她也要当妈妈了，以后说不定我们还能定个娃娃亲呢。

胎教280天每日一读

第2个月 营养素，为胎教储备能量

第5周

从“苹果籽”长成“小海马”

上周，胚盘在细胞分化中逐渐分成3层，这3层正逐步发育成宝宝的各个器官。

胎儿“飞”一般长大

现在，细小的胚胎长度只有约4毫米，在医院借助仪器，可以看到的是一个外形酷似海马的苹果籽大小的胚胎。

这一周，胎儿的发育突飞猛进，腿开始以出芽的方式长出，手臂分成手、臂、肩，心脏开始有规律地跳动并开始供血。在接下来的时间里，胚盘将发育成3个胚层，将来会分别形成各种组织器官，最外面的一层将形成皮肤和神经系统等，中间一层将形成骨骼和肌肉等，最里面一层将发育成肝脏和肠道组织等。着床后的胚胎慢慢长大，胎儿的大脑已经开始发育了，慢慢分化出脑和神经系统，胎儿最先建立起的就是人体的“司令部”。因此，适时地进行胎教，是非常有必要的。

准妈妈出现早期反应

准妈妈月经结束至这个时期，虽然还没有确认怀孕，但是可能已经出现恶心、疲倦、嗜睡等现象。当这些早孕反应出现时，不要惊慌，也不要担心，因为当胎儿安全地向你发出他到来的讯息时，就已经证明了他现在足够健康。因此，在接下来的日子里，准妈妈要放松心情，冲淡早孕反应给自己带来的不适，让自己更快乐、更轻松，这才是最好的胎教。

胚胎期是胎儿各器官分化发育的关键时期，许多导致畸形的因素都非常活跃。在第5周左右，心脏、神经管系统最敏感，最容易受到损伤。在这个敏感阶段，准妈妈更要注意自己的生活环境和饮食起居，减少剧烈活动，以使胎儿安然度过这一时期。

在怀孕第5～8周期间，通过B超可以确定怀孕胎数。

第29天 了解怀孕的早期征兆

月经停止：这是一般人最常注意到的怀孕征兆。正值生育年龄的女性，月经周期正常，在性行为后超过正常经期两周，就有可能是怀孕了。但并不是月经没有来就一定是怀孕了，月经没有来的原因有很多，可能因为卵巢机能不佳，也可能因为激素分泌不正常、工作忙碌、考试紧张等。所以需要经过进一步的检查才能确定。

乳房有刺痛、膨胀和瘙痒感：乳房有刺痛、膨胀和瘙痒感，也是怀孕早期的生理现象。此外，还会有乳晕颜色变深、乳房皮下的静脉变明显、乳头明显突出等变化。

常有恶心、呕吐的感觉：很多怀孕初期的准妈妈都会有恶心、呕吐的感觉，尤其是在早晨起床的时候。这些症状都是因人而异的，有些人的症状相当轻微，有的则很严重。除非是恶心、呕吐得非常厉害的情况需要就医，否则都属于怀孕初期的正常反应。

容易疲倦：怀孕初期容易疲倦，常常会想睡觉。简单地活动也会感到疲劳，甚至头重脚轻。

有了以上这些早孕现象，往往提示你可能怀孕了，应尽快到医院检查确诊，或者在家使用测孕纸或验孕棒自行初步验孕。

使用测孕纸或验孕棒自助验孕

用洁净干燥的容器收集尿液（取晨尿中段）。持试纸条将有箭头标志的一端浸入装有尿液的容器中，约3秒钟后取出平放，30秒到5分钟内观察结果。在使用验孕棒时，可直接对准吸尿孔淋尿，也可将验孕棒放入收集尿液的容器中浸入尿液。

阴性：只出现对照线，表示没有怀孕。

弱阳性：对照线、检测线都显色，但检测线显色弱于对照线，表示可能怀孕，请隔天用晨尿再测。

阳性：对照线、检测线都显色，检测线显色明显清晰，表示已经怀孕。

强阳性：对照线、检测线都显色，但检测线显色强于对照线，表示已怀孕一段时间。

无效：无任何色线出现，表明试验失效或失败。

第30天 神经管发育，情绪与营养是胎教重心

着床后的胚胎慢慢变大，最先发育的是胎儿的大脑。这个时期，胎儿的大脑已经开始发育，慢慢分化出脑和神经系统。因此，准妈妈的情绪以及营养是确保胎儿大脑发育的关键。

❀准妈妈的良好情绪可以让胎儿更聪明

准妈妈的情绪可以通过神经递质的作用影响到胎儿，当你无忧无虑、幸福甜蜜时，这种良好的情绪会促进胎儿大脑的发育，会使宝宝获得较高的智商；相反，如果你情绪低落、不安，将对胎儿处于敏感期的神经系统的发育非常不利。

情绪不好的时候要学会自我调整，做一做深呼吸，或者看一些轻松搞笑的节目，读一则小笑话或者与家人朋友倾诉自己的烦恼。

❀均衡营养造就胎儿完善的神经系统

此时，由于无从感知自己是否已经怀孕，很可能对饮食营养方面不那么注重，这个时候要有意识地加强营养，均衡而丰富的营养会给胎儿脑细胞和神经系统一个良好的成长环境。另外，还应多注意摄取叶酸，每天的饮食中要包含叶酸丰富的新鲜蔬果，根据需要，还应在医生的指导下补充叶酸制剂。

❀让内心充满阳光

笑是人心态平和与内心善良的表现，也是体内胺多酚分泌量增高的时候。胺多酚也被称为“快感激素”或者“年轻激素”，这种物质可以帮助人保持年轻快乐的状态。所以准妈妈要让自己开心，以快乐的心态面对生活和工作。笑不仅可以减少精神压力，增强人体免疫力，同时还能把快乐的情绪传递给胎儿，让他在妈妈肚子里就吸收到满满的“正能量”。

第31天 叶酸，胎儿神经系统的守护神

叶酸是一种水溶性B族维生素，几乎参与机体所有代谢过程，是机体不可缺少的维生素。孕早期准妈妈缺乏叶酸会引起胎儿神经管畸形及其他先天性畸形，甚至引发早产。缺乏叶酸还会引起准妈妈巨幼红细胞性贫血。新鲜蔬菜中叶酸含量较高，并易于吸收，准妈妈在孕早期应多吃。

如何补充叶酸

1.我国卫生部门建议，所有育龄妇女从怀孕前3个月到怀孕后3个月末，应每天口服0.4毫克～0.8毫克的叶酸增补剂，以防胎儿神经管畸形的发生。叶酸增补剂有玛特纳、斯利安、爱乐维等，准妈妈应在医生指导下服用。

2.叶酸增补剂用量每天应不超过1毫克。因为过量的叶酸会掩盖维生素B_{12}缺乏的症状，干扰锌的代谢，引起锌缺乏。

食补叶酸更健康

很多食物都富含叶酸，准妈妈不妨多吃些这样的食物，如：

1.绿色蔬菜，如莴苣、菠菜、番茄、胡萝卜、菜花、油菜、小白菜、扁豆等。

2.新鲜水果，如橘子、草莓、樱桃、香蕉、柠檬、桃、杨梅、海棠、石榴、葡萄、猕猴桃、梨、酸枣等。

3. 动物类食品，如动物的肝脏、肾脏，鸡肉、牛肉、羊肉等。

4.豆类、坚果类食品，如黄豆、核桃、腰果、栗子、杏仁、松子等。

5.谷物类食品，如大麦、米糠、小麦胚芽、糙米等。

第32天 菠菜、芦笋是补充叶酸的明星

果仁菠菜

【材料】

花生仁80克，菠菜150克，蒜末20克，盐、香油各少许。

【做法】

1.锅中放入少许油，凉锅凉油，放入花生仁，小火炒熟，盛出，凉凉后压碎。

2.菠菜择洗干净，放入沸水锅中焯烫30秒，取出用清水冲洗，沥干水分，切成段。

3.菠菜段放入盘中，撒盐，淋香油，撒上蒜末、花生碎拌匀即可。

鲜虾芦笋

【材料】

鲜虾10只，芦笋300克，姜片、盐、水淀粉、蚝油各适量。

【做法】

1.鲜虾去头、壳、虾线，洗净后抹干，用盐、干淀粉拌匀。

2. 芦笋洗净，切长条，放入沸水锅中焯烫片刻，捞出沥干。

3. 油锅烧热，中火放入虾仁过油盛出备用，再下入姜片爆香，放入少许水（或高汤）、蚝油、盐搅匀，煮沸，再加入少许水淀粉烧开，出锅浇在芦笋上即可。

菠菜、芦笋含丰富的叶酸和膳食纤维，是孕期补充叶酸的佳品，不仅有益于胎儿脑神经发育，还能促进准妈妈的新陈代谢，预防便秘。

第33天 孕初期就可以开始音乐胎教

音乐胎教能促进胎儿脑神经发育

神经元是神经系统的基本结构单位和功能单位。胎儿将来的智力水平的高低与脑神经元的发育关系十分密切。脑神经元表面有一大的分支（即轴突）和很多小的分支（即树突）；两个脑神经元之间依靠轴突、树突相接触而传递冲动（即沟通信息），其接触的部位称为突触。突触越多，孩子往往就越聪明。准妈妈在进行音乐胎教的时候，可以把优美的声波不断地传输给胎儿，促使其脑神经元的轴突、树突及突触的发育，甚至使原本无关的脑神经元相互连通，为优化胎儿后天的智力及发展音乐天赋奠定基础。

音乐是稳定情绪的好方法

科学家认为，当人处于优美悦耳的音乐环境之中，可以改善神经系统、心血管系统、内分泌系统和消化系统的功能，可以调节血管内的血流量和神经传导；良性的音乐能提高大脑皮层的兴奋度、改善情绪、激发情感、振奋精神，同时有助于消除紧张、焦虑、忧郁、惊恐等不良心理状态。对于准妈妈来说怀孕也许是个漫长而焦虑的过程，但如果你每天听20分钟音乐，将可以简单有效地缓解紧张、焦虑情绪，这个时期听音乐并不是为了培养胎儿的音乐素养，其最主要的作用应该是令准妈妈的心情愉悦。

不是所有的音乐都适合现在的准妈妈

和胎儿共享一个血液系统的准妈妈，对于那些旋律优美、节奏舒缓、曲调欢快的音乐会很有好感，而对于那些节奏强烈、音色简单的音乐则会比较排斥。因此，在选择音乐时，可以跟着自己的感觉走，不要限定在某一种音乐类型中。

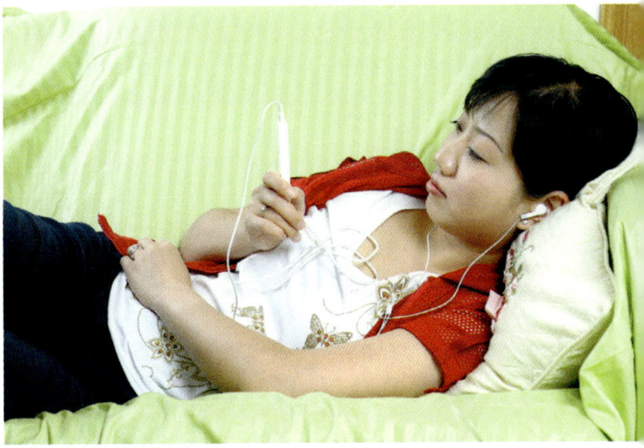

第34天 音乐胎教：《春之声圆舞曲》

《春之声圆舞曲》通过生动流畅的旋律和自由灵活的节奏，生动地描绘了大地回春、冰雪消融、万物复苏的景象。

春天意味着生命的开始，春天的美景能唤起准妈妈对大自然的无比热爱之情。怀孕之初，身体容易疲惫，在欣喜的同时也会有很多不良情绪，这个时候，就请你打开音响，来聆听这首乐曲，音乐的魅力会带给你无穷的活力。

欣赏这首乐曲时，准妈妈可以通过美妙的旋律欣赏到美丽的维也纳森林景象：春天的早晨，在美丽的多瑙河畔，晨曦透过大树茂密的叶子洒在挂满露珠的草地上，小鸟在林间婉转啼鸣，牧童的牧歌和角笛……构成了一幅极美妙且色彩斑斓的“音画”，十分优美动人。准妈妈可以在美丽的清晨，轻轻唤醒胎儿，并和他一起迎接这美丽的春天。

《春之声圆舞曲》的歌词

本曲的歌词通过文字向我们传递着春天的勃勃生机，一切都是美丽、幸福的开始，正如胎儿对准妈妈的意义，准妈妈将这份感动也详细描述给胎宝宝。

《春之声圆舞曲》歌词（部分）

春之声在天空中荡漾，
小鸟甜蜜地歌唱，
小丘和山谷闪耀着光彩，
谷音在回响。
啊，春天穿着魅力的衣裳，
同我们在一起，
我们沐浴着明媚的阳光，
忘掉了恐惧和悲伤。
在这晴朗的日子里，
我们奔跑，欢笑，游玩。

小约翰·施特劳斯和他的音乐

《春之声圆舞曲》的作者是奥地利作曲家、指挥家小约翰·施特劳斯，他被誉为“圆舞曲之王”。为了使乐曲具有浓重的乡土气息，小约翰·施特劳斯在管弦乐队里破例加上了奥地利的民间乐器——齐特尔琴，为音乐增添了浓厚的奥地利民族色彩。这种乐器拨奏出这首乐曲中最主要的一段旋律，轻柔而华美，仿佛晨曦透过浓雾照进维也纳森林，还伴着鸟儿们婉转的鸣叫，一切宛如人间天堂。

第35天 准爸爸胎教：准爸爸与胎儿之间的小秘密

研究发现：胎儿特别喜欢听爸爸的讲话声。在爸爸的唱歌声和抚摸下，能用似乎“陶醉”了的轻轻摇晃动作来表示他的心满意足。婴儿出生后哭闹时，妈妈往往不能使其安静下来，而爸爸却可以通过唱婴儿熟悉的歌曲和抚摸使其尽快安静下来或入睡。这大概与胎儿不甚喜欢高、尖、细的声音（这种声音常常会造成胎动增加），而喜欢低沉、宽厚的声音有很大的关系。所以一些心理学家提出一项极为有益的建议，请爸爸对胎儿讲话，创造那种与出生后的婴儿建立亲切、深厚的感情的先决条件。

爸爸对胎儿讲话，这首先是父爱的一种具体表示，胎儿能够通过听觉和触觉，感受到不仅有母爱，而且还有父爱的温暖，这对于胎儿的情感发育非常有益。爸爸抚摩胎儿并同他说话，这在心理上也是对妈妈的一种极大的安慰。这种天伦之乐是孕育、养育、教育孩子的最好氛围。

有个爸爸是这样对胎儿说的：“小宝宝呀，你的小手在哪儿？伸出来让爸爸摸摸吧。你的小脚在哪儿？会不会蹬？蹬蹬让爸爸瞧瞧吧。你的大脑袋呢？现在长头发了吗？今天又有什么新本事呢？哟，会推了？那就轻轻地推一下吧，可千万别把妈妈推疼了。刚才听到音乐了吗……”极为有趣的是，这个常与爸爸对话和玩耍的胎儿，每天晚上到了10点钟就“急不可待”地动起来。这个孩子出生后，同爸爸的感情非常好。同时，这个孩子的智力及其他能力发育也很出色。

小猪

小猪扛锄头，
吭哧吭哧走。
小鸟唱枝头，
小猪扭头瞅。
锄头撞石头，
石头砸猪头。
小猪怨锄头，
锄头怨石头。

第6周

胎儿能动了

这一周，胎儿生长得非常迅速，胚胎开始漂浮在充满液体的羊膜囊中。

胎儿能转动了

胎儿心脏的跳动频率在这一周可以达到150次/分钟，不过现在你还听不到。最神奇的是，胚胎在接下来的日子里能够轻微地移动了，虽然准妈妈还无法感受到这一奇妙微小的变化。

小小的胚胎已显现出多种器官的雏形

这时候的胚胎细胞还在迅速分裂，形状像颗蚕豆，主要器官包括初级的肾和心脏的雏形都已发育，已经长出了心室，并且开始供血。神经管开始连接大脑和脊髓，原肠也开始发育。四肢的幼芽也开始长出，头和躯干已经能分辨清楚了。长长的尾巴开始缩短。胎儿现在的形状像英文字母“C”，面部有小黑点，那是将来的眼睛；小的空洞是鼻孔；深凹下去的地方，将来是耳朵；手和脚看上去像划船的桨。

准妈妈经常感到疲劳

进入第6周，大多数准妈妈会时常感到疲劳、犯困而且排尿频繁。这个时期准妈妈要稳定情绪、放松身心、充分休息，以便能顺利度过最初的艰难时刻。在饮食上，准妈妈要注意多吃含有叶酸的食物，保证胎儿神经管健康发育。

准妈妈日常起居要谨慎

◆准妈妈平时要避免搬运重物或进行激烈运动，做家务与外出次数也应尽可能减少，不可过度劳累。

◆适当休息，睡眠要充足。感到疲劳时不要洗澡，以免眩晕摔倒，要及早卧床休息。

◆准妈妈要保持大便通畅，避免便秘。如果出现出血伴下腹胀痛、腰部乏力或酸胀疼痛，应立即去医院就诊。

◆不要到剧院、舞厅、商店等人流较多的地方。

◆避免与患流感、风疹、传染性肝炎等疾病的患者接触。

第36天 对话胎儿：你好吗

我一直等待的宝宝，你好吗？你终于来了，悄无声息地，那么小，那么神奇而迅速地成长着，加油！我的宝宝，妈妈会给你提供所需要的一切，你就放心地成长吧！

孩子啊！和你相遇是种感动！
我亲爱的孩子，
妈妈今天
有了一辈子最特别的日子，
“恭喜你怀孕了”！
真正感觉到你，确认你的存在，
这个唯一的日子。
期待与你同行的日子，从现在开始了。
该如何表达呢？
和你相遇是我生命最深刻的感动！
“照片”上看到的你，虽然只是无法辨识的小小的存在，
然而在最盼望、最想要的时刻得到你这个礼物，
我内心喜悦充满感谢！
孩子啊！
我会把心交给你，你也把心交给我吧！
妈妈先保管你的心，
将智慧的宝石逐一放入你的内心仓库，
当你来到这个世界时，需要的时刻
取出细心放入的智慧宝石吧！
你的人生装满了珍贵闪耀的宝石，
这是你生活中需要的想象和冒险、智慧和勇气、信赖和希望。

第37天 准妈妈要多吃补脑食物

胎儿现在正处于脑细胞迅速增殖的阶段，直到出生前1个月，大脑的发育都处于高速期，因此，从现在开始要有意识地增加进食补脑食物。

几种补脑效果较好的食物

鱼类： 鱼肉中含有对神经系统具备保护作用的不饱和脂肪酸，有助于大脑的发育。

全麦制品和糙米： 全麦制品和糙米中含有多种维生素，对保持大脑的认知能力至关重要。

鸡蛋： 鸡蛋富含人体所需的氨基酸，而蛋黄除富含卵磷脂外，还含有丰富的钙、磷、铁以及维生素A、维生素D、B族维生素等，对脑部保健十分有益。

核桃和芝麻： 这两种食物营养非常丰富，可为大脑提供充足的亚油酸、亚麻酸等分子较小的不饱和脂肪酸，以提高脑的功能。另外，核桃中含有大量的维生素，对于补脑、健脑也非常有益。

一些营养素对大脑的作用及其对应的食物

营养素	对大脑的作用	对应食物
维生素C、维生素D、维生素E	促进脑细胞的结缔组织形成	柑橘类水果（如橙子、蜜橘、金橘）、猕猴桃、石榴等
维生素A	加强脑神经的连接	鱼油、全脂奶或酸奶、深黄色的蔬果（如红薯、木瓜、南瓜、胡萝卜等）
钙	促进脑部骨骼的发育	牛奶、钙片、维生素D制剂等
铁	促进脑神经细胞增生，帮助髓鞘化	猪血、鸭血、动物肝脏、蔬果（如苋菜、菠菜、葡萄、樱桃、苹果等）

第38天 补脑食谱

三文鱼肉粥

【材料】

三文鱼100克，豌豆30克，豆腐50克，鸡蛋1个，大米50克，盐少许。

【做法】

1.三文鱼洗净，切成丁；豌豆洗净，放入锅中煮熟；豆腐用开水氽烫后，放入碗中捣碎；鸡蛋打散，搅拌均匀，大米洗净。

2.锅中加适量水，煮沸，放入大米，大火煮沸，转小火煮15分钟，放入豌豆、三文鱼丁、豆腐碎，煮沸后倒入蛋液，再煮沸，加盐调味即可。

核桃仁拌芹菜

【材料】

芹菜150克，核桃仁100克，盐、香油各少许。

【做法】

1.将芹菜去杂洗净，切成3厘米长的段，下沸水锅中焯2分钟后捞出，注意不要焯得太熟。

2.焯后的芹菜用凉水冲一下，沥干水分，放盘中，加盐、香油拌匀。

3.将核桃仁用热水泡后剥去薄皮，再用开水泡5分钟取出，放在芹菜上，吃时拌匀即成。

第39天

子宫：胎宝宝温暖的家园

女性没有怀孕时，子宫像个倒长的鸭梨，长度只有七八厘米，宫腔内仅仅有个窄小的缝隙，假如往子宫腔内放置物体，只能容纳核桃大小的东西。一旦怀孕，子宫的容量增长简直令人难以置信，不但可容纳3千克左右的胎儿，甚至可容纳5千克的胎儿，同时还能容纳胎儿的附属物——胎盘、脐带、羊水、羊膜腔。随着胎儿不断生长，子宫容积会不断扩大，子宫壁也会不断增厚。子宫比任何一所房子都高级，能随着居住者的需求而变化。胎儿在子宫里受到层层保护，最外层是准妈妈的腹壁，还有准妈妈的网膜、肠管、腹腔液，子宫外面是结实、富有弹性、能保暖的子宫肌壁，然后是包蜕膜、绒毛膜、羊膜的保护，羊膜囊内还有能防震、防皮肤干裂、能自由畅游的羊水。子宫是胎儿温暖的家园，也是人生的第一处“住所”。

子宫的神奇确实令人惊叹：当胎儿在子宫中生长发育的时候，子宫颈口如同一道结实的防盗门，紧紧关闭着；可当胎儿要娩出时，这扇紧闭的大门会完全打开，并在原来的基础上扩张100倍，以便让胎儿顺利通过。

第40天

脐带：让胎宝宝与准妈妈血脉相连

脐带是连接胎儿和胎盘的生命之桥，是胎儿与准妈妈血脉相连的明证。脐带组织来自胚体的尿囊。人类胚胎的尿囊出现仅数周后即退化，在即将退化的尿囊壁上出现了两对血管，这两对血管并未随着尿囊的退化而消失，而是越来越发达，最终形成胎儿与母体进行物质交换的唯一通道——脐动脉和脐静脉。脐动脉和脐静脉形成后，尿囊就完成了使命，开始退化。在退化过程中，先形成细管，后完全闭锁成为细胞索，构成韧带。与此同时，胚盘向腹侧卷折，背侧的羊膜囊也迅速生长，并向腹侧包卷成条状。卵黄囊、脐动脉、脐静脉、韧带等都被卷折其中，就形成了脐带。随着胎儿的发育，脐带逐渐增长。

脐带的形成与结构

脐带是一条索状物，一端连着胎儿腹壁(就是以后的肚脐)，另一端连着胎盘。如果把胎盘比作一把雨伞的话，脐带就是伞把。足月胎儿的脐带长45厘米～55厘米，直径1.5厘米～2厘米，一条脐静脉和两条脐动脉呈“品”字形排列，表面被覆羊膜，中间有胶状结缔组织充填，保护着血管。

脐带的作用

脐动脉将胎儿排泄的代谢废物和二氧化碳等送到胎盘，交由准妈妈帮助处理。也就是说，脐动脉中流的是胎儿的静脉血。脐静脉负责将从准妈妈那里获取的氧气和营养物质供给胎儿。也就是说，脐静脉中流的是胎儿的动脉血。

脐带是胎儿与准妈妈之间的通道，如果脐带受压，致使血流受阻，胎儿的生命就会受到威胁。可以说，脐带是胎儿的生命线。

脐带血的作用

脐带血是胎儿娩出、脐带结扎并离断后残留在胎盘和脐带中的血液，通常是废弃不用的。近十几年的研究发现，脐带血中含有可以重建人体造血和免疫系统的造血干细胞，可用于造血干细胞移植，治疗多种疾病。因此，脐带血已成为造血干细胞的重要来源，特别是无血缘关系造血干细胞的来源，也是一种非常重要的人类生物资源。

第41天

为你读诗：《两个老鼠抬了一个梦》

孩子说：

“母亲，我昨儿晚上做了一个梦；

现在却有点儿记不起来，迷迷蒙蒙了。”

母亲笑着说：“两个老鼠抬了一个梦？”

老鼠怎么抬梦？
梦怎么抬法？
老鼠抬了梦去做什么？
这不是梦中说的梦话？

不是梦话哪——
她怎地记不起梦来？
那梦上哪儿去了，
要不是老鼠把梦抬？

那老鼠刚抬了梦跑，
蓦地里来了一头猫；
那老鼠吓了一跳，
这梦就跌得粉碎没处找。

哦，我知道了
我们做过的梦都到哪儿去了！
原来都被猫儿吓跑了抬夫，
粉碎得没找处了！

作者简介：刘大白（1880～1932），浙江绍兴人。与鲁迅先生是同乡好友，现代著名诗人，文学史家。

第42天 准爸爸胎教：唱儿歌（1）

今天，准爸爸来给胎儿唱几首关于小动物的儿歌吧。唱的时候语调要轻松、活泼，可以模仿小动物的样子，把快乐、健康的情绪传递给胎儿。准爸爸的语速要和缓，音调要稳定，不要忽高忽低。在准爸爸的儿歌声中，一家人其乐融融，胎儿也能感受到和谐的家庭氛围，对胎儿的性格发育非常有益。

螳螂

螳螂哥，螳螂哥，
肚儿大，吃得多。
飞飞能把粉蝶捕，
跳跳能把蝗虫捉。
两把大刀舞起来，
一只害虫不放过。

大蜻蜓

大蜻蜓，绿眼睛，
一对眼睛亮晶晶，
飞一飞，停一停，
飞来飞去捉蚊蝇。

小鸭子

小鸭子，一身黄，
扁扁嘴巴红脚掌。
嘎嘎嘎嘎高声唱，
一摇一摆下池塘。

松鼠

小松鼠，尾巴大。
轻轻跳上又跳下。
我帮你，你帮他。
采到松果送回家。

第7周
长出幼芽般的小胳膊、小腿儿

长出小胳膊小腿儿

这一周，胚胎上伸出的幼芽般的四肢，现在看上去很明显，在其末端有裂，以后这些将发育成手指和脚趾。两条胳膊仍然很像鱼鳍，比腿长一些，而且胎儿的胳膊比腿发育得稍快，这种状况会一直持续到宝宝3岁以后。

进入重要的发育时期

这一周，胎儿的大脑、身体以及头部将经历重要的发育时期。胎儿现在的神经系统轮廓已接近完成，头部明显增大。心脏已经划分成左心房和右心室，并开始了有规律地跳动，每分钟大约跳150次；开始有血液在胎儿体内循环。

胎儿面部正在形成，两眼在头部两侧，现在还只是两个小黑点。胚胎有两肺、肠、肝、两肾以及内生殖器官，但均尚未完全形成。此时，胎儿的头部占了全身的很大比例。

准妈妈要保持心情舒畅

这段时间，准妈妈情绪波动很大，需要注意的是，早孕胚胎的发育异常和新生儿腭裂或唇裂的原因之一，就是准妈妈长期情绪过度不安或焦虑。因此，一定要保持心情愉快。

目前这几周是胎儿发育的关键时期，维持胎儿生命的器官正在生长，所以更应注意营养，务必保证营养的均衡合理。如果呕吐厉害，体重下降严重，最好去医院检查，看是否需要补充葡萄糖。

多数准妈妈在孕期都需要上班，因此，你需要提早制订一个胎教计划。同时也提早安排好孕期的工作，不要让繁忙的工作打乱你为胎儿准备的胎教计划。提早的计划会让你规划好工作与休息，保持良好的孕期心情。

特别提醒

孕早期阴道出血要重视：在孕早期见红（小便后在内裤或卫生纸上发现少量血迹）和出血是很常见的现象，但有时这却可能是流产或宫外孕的先兆。如果你出现上述症状，请立即去医院就诊。

第43天 对话胎儿：我为你而骄傲

虽然这个时候，妈妈常常会感到嗜睡、倦怠甚至恶心等，但是妈妈还是很高兴，因为妈妈知道这是你在提醒妈妈的身体免疫系统接受你，让妈妈的身体为孕育你而做好准备。

一想到我的身体里有个小生命在成长，我就非常有满足感，非常的幸福，我不渴望拥有全世界，我只愿拥有你。

准爸爸配合“子宫对话”

虽然很多感受和知识都是由准妈妈讲给胎儿听的，不过准妈妈也有不熟悉的领域，这个时候，准爸爸就要发挥作用啦！

晚饭后1～1.5小时，是准爸爸参与胎教的时间，胎教的内容可以是儿歌、童话，也可以给胎儿讲讲当天的工作，讲讲准爸爸的兴趣爱好，或者根据你们拟定的知识范围进行讲解。准爸爸的话题越是能唤起准妈妈的好奇心，胎教的效果就会越好。

给宝宝讲一个谜语童谣

月亮

有时落在山腰，
有时挂在树梢，
有时像个圆盘，
有时像把镰刀。

第44～45天 为你读诗：《母亲的诗》

这是曾获诺贝尔文学奖的智利女诗人加布里埃拉·密斯特拉尔（1889～1957）在孕育过程中写下的文字，她以柔软的笔触记录了从怀孕之初到宝宝出生的整个过程，也表达了一位新母亲美好而丰富的内心世界。

领悟

我现在才明白，二十年来我为什么沐浴阳光，在田野上采摘花卉。在那些旖旎的日子里，我常常自问：温暖的阳光、如茵的芳草，大自然这些美妙的恩赐有什么意义？像照射一串发青的葡萄那样，阳光照射了我，让我奉献出甜美。我身体深处的小东西正靠我的血管在点滴酝酿，他就是我的美酒。我为他祈祷，让上帝的名字贯穿我全身的泥土，他也将由这泥土组成。当我激动地读一首诗时，美的感受把我燃烧得炽热，这也是为了他，因为我希望他从我身上得到永不熄灭的热情。

第46天 胎教可调节准妈妈情绪，提高求知欲

优美的音乐让胎儿感受到世界的美好，温馨有趣的故事让胎儿熟悉爸爸妈妈的声音，美味营养餐为准妈妈和胎儿保驾护航，准妈妈做手工就把注意力集中的感受传递给了胎儿，准妈妈欣赏油画就告诉了胎儿色彩的奇妙，准爸爸手掌的抚摸让胎儿的反应更加灵敏……胎教就这样开始了。

听音乐、讲故事

当准妈妈在聆听音乐时，可以加入自己的情感，在脑海里形成各种生动有趣的具体形象。胎教音乐节奏不能太快，音量不宜太大，不要有突然的巨响，时长以10～15分钟为宜。胎教音乐的选择因人而异，准妈妈喜欢很重要。童声、古典音乐等均可作为胎教音乐。

讲故事可以由准妈妈讲，也可以由准爸爸读给准妈妈听。讲故事的时间可以安排在闲暇时间或在睡前。准爸妈选择胎教书籍时不要有先入为主的观念，应尽量广泛阅读各类书籍。

准妈妈要多动脑

怀孕后，准妈妈情绪会变得异常低落，这样的情绪尤其不利于胎儿发育。看一看笑话，可以让自己轻松一下。准妈妈应适量地读书学习、勤于动脑，做一些思维游戏，或者和准爸爸下下棋。这样，胎儿也能从准妈妈身上获取游戏时积极的信息，从而促进大脑成长发育，形成积极向上的求知精神。

看电影、欣赏油画

轻松、幽默、温暖的影片，能够满足准妈妈的观影需求和心理需求，这种电影能够缓解准妈妈孕期焦虑不安的心情，使情绪得到放松。此外，画面精美、色彩饱满的油画能够给准妈妈带来审美的满足感，增添准妈妈的审美情趣。准妈妈在欣赏时获得的积极信息也能带给胎儿美的享受。

第47天 母亲的声音是育儿伟大的第一步

宝宝依恋母亲的心音

我们都知道，出生几天的婴儿，哭闹是常有的事。但是如果母亲把婴儿抱在左胸前，婴儿会很快安静下来，安然入睡，这是因为胎儿在母亲体内时，就已习惯了母体血流的声音和血管（心脏）的搏动。出生后，婴儿的耳朵贴近母亲的左胸（即心脏的位置），这种声音和搏动会把婴儿带回昔日宁静安全的环境中，这种熟悉的安全感是任何优美的催眠曲都无法比拟的。

胎儿在怀孕初期可透过震动感觉外界的刺激。因此，这个时期，母亲的心脏跳动、肠蠕动声音的震动等，各种大大小小的震动成了胎儿接受的唯一刺激。

根据哥伦比亚大学的费尔和文研究的《对于新生儿脑功能组织化的产妇声音的作用》相关资料，母亲的声音对胎儿的脑功能发育有绝对性的影响。至少出生后两天以内，婴儿可切实地区别在体内听见母亲的声音，对于母亲的声音有反应，并且喜爱这种声音。

母亲的声音是子宫内可侦测的各种声音中最占优势的声音，母体的声音持续刺激胎儿的脑部，当然对组织会有贡献。不仅如此，通过与熟悉而温柔的母亲的声音对话，胎儿的各种情感功能也会迅速增强。

胎儿对声音具有分辨能力

研究表明，胎儿对声音具有分辨能力，对不同的声音，有着不同的反应；对不同的音乐，表现出不同的喜恶。胎儿非常喜欢悦耳的声音。当母亲发出的声音很大的时候，胎儿会在腹中活动，表示胎儿听得非常清楚。即使不懂母亲说话的含义，也能感觉到音调、音量的高低强弱。胎儿能听到声音之后，爸爸妈妈应为宝宝起个乳名，让这亲昵的呼唤每天伴随胎儿。待宝宝出生后，短时间内就能对爸爸妈妈呼唤他的名字做出明确的反应，比起那些出生后才起名字的婴儿要灵敏得多。

第48~49天 准爸爸胎教：说一说绕口令（1）

绕口令是语言训练的好教材，认真练习绕口令可以使头脑反应灵活、用气自如、吐字清晰、口齿伶俐，可以避免口吃，更可作为休闲娱乐的语言游戏。绕口令的特点是将若干双声、叠韵词汇或者发音相同、相近的词语和容易混淆的字有机地集中在一起，组合成简单、有趣的韵语，形成一种读起来很绕口，但又妙趣横生的语言艺术。内容诙谐而活泼，节奏感较强，富有音乐效果。

颠倒歌

咬牛奶，喝面包，
夹着火车上皮包。
东西街，南北走，
出门看见人咬狗。
拿起狗来打砖头，
又怕砖头咬我手。

白石塔

白石白又滑，
搬来白石搭白塔。
白石塔，白石塔，
白石搭石塔，
白塔白石搭。
搭好白石塔，
白塔白又滑。

蓝布棉门帘

出前门，往正南，
有个面铺面冲南，
门口挂着蓝布棉门帘。
摘了它的蓝布棉门帘，
面铺面冲南，
给它挂上蓝布棉门帘，
面铺还是面冲南。

鹅过河

哥哥弟弟坡前坐，
坡上卧着一只鹅，
坡下流着一条河，
哥哥说：宽宽的河，
弟弟说：白白的鹅。
鹅要过河，河要渡鹅。
不知是鹅过河，还是河渡鹅。

第8周 以每天1毫米的速度快速发育

进入第8周后，胚胎已经初具人形，但是小尾巴还没有完全消失，大小和外形看起来像一颗葡萄，有时会像跳动的豆子一样运动……

器官特征开始变得明显

此时，胎儿的器官已经开始有明显的特征，如果用超声波检查，能清楚地听到心脏跳动的声音。各种复杂的器官都开始发育，负责平衡和听力的内耳正在形成，大部分内脏器官的发育已经初具规模。

面部特征也已比较明显

胎儿的眼睑发育完全，两眼位于头部两侧，而不是正前方，因此两眼间的距离还很大。能辨认出鼻尖，两个鼻孔已经形成；两侧颌骨联合起来形成了口腔，已经有了舌头，牙胚和腭也开始发育。

准妈妈的变化：遭遇腹部疼痛

准妈妈怀孕前就像鸡蛋大小的子宫，现在变得有拳头那么大了。这时虽然从外表上还看不出怀孕的迹象，但从这一时期开始，准妈妈的身体慢慢发生变化，如有时会感觉下腹有些肿胀。有些准妈妈甚至会遭遇腹部疼痛和少量出血。进入妊娠第8周后，妊娠呕吐现象更加严重。闻到异常的气味就会呕吐，有时还会在进食后立即吐出。准妈妈应尽量避开自己敏感的气味和食物，以免失去食欲。对于想吃的食品可以经常食用，但要特别注意营养问题。由于向胎儿供应营养和氧气的需要，这一时期准妈妈的新陈代谢非常旺盛，因此比平时出汗更多，导致皮肤干燥，从而产生了皮肤异样或各种粉刺。同时，脸上还容易发生色素变化，出现黑斑、雀斑等。

准妈妈要预防孕早期流产

这一时期最容易发生先兆流产或自然流产，准妈妈应避免用力的动作和剧烈运动，更不宜外出旅行，同时要禁止性生活。伴随孕周的增加，准妈妈的体能消耗逐渐加大，会比以前更容易出现饥饿感。

第50天 对话胎儿：早上好，宝贝

每天早晨当我醒来时，第一件事就是想到你，我亲爱的宝宝，昨天晚上，你睡得好吗？你是不是又长大了一点？想到你小小的身体正在妈妈的体内生长着，感受着妈妈的心跳，妈妈的心里感觉好甜蜜！

我的宝宝，你真了不起！妈妈因为你也变得坚强。虽然有时候会稍有不适，但是一想到身体里正孕育着一个新的生命，妈妈就不觉得那么难受了，妈妈会坚持下去，我们一起加油！

亲爱的宝宝，从知道我的生命中有了你开始，母亲的本能在我体内被急剧放大，我时刻意识到我不再是一个人，我喜欢说“我们”：我们一起吃饭，一起睡觉，一起散步，一起购物。每天早上，我会对你说：“宝宝，我们起床啦！”“宝宝，我们上班去喽！”

《母与子》

从知道有个小生命在腹中孕育那刻起，所有的准妈妈都渴望早日享受哺育的幸福。

皮埃尔·奥古斯特·雷诺阿1886年的名作《母与子》，描绘了丰满娇媚的年轻母亲怀抱娇儿哺乳的温馨情景。

胖乎乎的婴儿酣畅地吸吮着母亲的乳汁，用手轻轻抓着小脚丫，年轻的乳母脸上自然流露的骄傲和安逸，深深打动了每一个看到这幅画的人。准妈妈是否也由此联想到宝宝出生后哺育的情景呢？

第51天 孕期也不要忘记做个美丽女人

在怀孕期间，准妈妈也可以打扮得很漂亮。事实上，美容、穿衣也是一种胎教。美丽是每一位女性所追求的，娇好的容貌会给你带来许多欢乐。怀孕了就更应精心打扮，这一方面是自娱的一种方式，对自己容貌、服饰的关心会使你忘掉妊娠中的不适反应；另一方面，会使你显得气色很好，别人看了称许几句，你也一定会很高兴的。可见，孕期装扮自己会使你保持自信、乐观的心态。

仪容美的关键在于整洁，而不在于是否化妆。怀孕后最好不要化妆和涂指甲油，化妆品里普遍含有防腐剂、芳香化合物、色素等成分，香料成分越复杂、用量越大，刺激越重，就越容易引起肌肤过敏和光敏反应。另外，一些化妆品中含有有害金属，可能会危及胎儿的安全。

孕期更要注重保养

怀孕后大部分人皮肤会变差，因为怀孕后人体激素产生变化，使准妈妈的皮肤变得很敏感，出现各种状况，所以孕期应该比平时更注重保养，如果你平时用八分心思在护肤上，那现在就要用十分。没有丑女人，只有懒女人。

每日的面部清洁非常重要，第一步先卸妆，即使没有化妆，也要用卸妆乳按摩一遍，然后用化妆棉擦掉。接下来使用洁面皂或清洁乳清洁面部，清洗后敷上面膜。外出时，应使用柔肤水、润肤乳液，并涂上薄薄的一层隔离霜。

孕期护肤品的选择

准妈妈选择护肤品时首先注重产品的安全性，以安全养护、温和滋润为前提，最好选纯天然成分含量较多的护肤品为佳。如果一直以来使用的护肤品成分、品牌都不错，可以继续使用，没有必要再更换不熟悉的产品。

第52天

孕期扮美：怎样涂抹乳霜最养肤

孕期，准妈妈体内激素分泌物不断增多，有些准妈妈会出现面部比以前更油的问题，但还有以前就属于干性肌肤的准妈妈，面部干燥问题会进一步加剧。此时，正确涂抹乳液的方法对于滋养肌肤就有着重要的意义，准妈妈们现在就来学习一下吧。

1.把乳液倒入手心加热

用手蘸取乳液，用量大约是一元硬币大小。将乳液放在手心，用肌肤的温度加热后使用，这样可提高乳液的渗透力。

2.补充水分后用指腹将乳液推开

爽肤水可以补充肌肤所需的水分，要靠乳液来覆盖并锁住滋润。在手心将乳液温热后用指腹在面部慢慢推开，可以有效锁住水分。

3.涂抹“T”形油区

面部额头和鼻子附近的“T”字部位油脂分泌较旺盛，因此乳液不必涂抹太多。

容易干燥的部位可以多抹一些，眼角或脸颊等部位都是特别容易干燥的部位，全部抹完后再局部涂抹一下，效果会更好一些。

4.颈部也不能忽视

颈部也要仔细地抹上乳液彻底保湿，涂抹颈部的方式是用双手上下交替涂抹。

5.涂抹乳液的注意事项

准妈妈在使用保湿乳液时，最好使用小面积画圆的方式涂抹，要比平时多按摩几次面部肌肤。另外，准妈妈要尽量避免使用油性、美白、有刺激性的乳液。

第53天 为你读诗：《金色花》

假如我变成了一朵金色花，为了好玩，
长在树的高枝上，笑嘻嘻地在空中摇摆，
又在新叶上跳舞，妈妈，你会认识我吗？
你要是叫道："孩子，你在哪里呀？"
我暗暗地在那里匿笑，却一声儿不响。
我要悄悄地开放花瓣儿，看着你工作。
当你沐浴后，湿发披在两肩，穿过金色花的林荫，
走到做祷告的小庭院时，你会嗅到这花香，
却不知道这香气是从我身上来的。
当你吃过午饭，坐在窗前读《罗摩衍那》
那棵树的阴影落在你的头发与膝上时，
我便要将我小小的影子投在你的书页上，
正投在你所读的地方。

但是你会猜得出这就是你孩子的小小影子吗？
当你黄昏时拿了灯到牛棚里去，
我便要突然地再落到地上来，
又成了你的孩子，求你讲故事给我听。
"你到哪里去了，你这坏孩子？"
"我不告诉你，妈妈。"
这就是你同我那时所要说的话了。

（泰戈尔）

第54天 准妈妈动动手：涂一涂，画一画

找出里面的图形。按相应的符号涂上色。○=红 □=黄 △=蓝

在涂色的过程中，准妈妈的手、脑都得到了锻炼，胎宝宝也能体会到准妈妈愉悦的心情。

第55天 准妈妈动动脑：智力游戏（1）

有趣的帽子问题

有40个学生，他们戴的帽子是红色的或黄色的，戴的手套是蓝色的或黑色的。如果有12人戴的是红帽子、黑手套，25人戴的是黄帽子，16人戴的是蓝手套，那么戴黄帽子和蓝手套的有多少人？

（答案：13个人。）

巧妙渡河

一条河的东岸有6个人等着摆渡，其中4个是大人，2个是小孩。河中只有一条空的小摆渡船。小船最多只能载1个大人或者2个小孩。这6个摆渡客，如何只凭借自身努力，用这只小船全部摆渡到西岸？（假设小孩和大人一样具有划船能力）。

（答案：首先，由两个小孩划船到西岸。然后，其中一个小孩留在西岸，另一个小孩把船划回东岸。接着，由一个大人把船划到西岸，然后留在西岸，再由留在西岸的那个小孩把船划回东岸。接着，再由两个小孩把船划到西岸，重复以上的过程，直至所有的人都摆渡到西岸。）

三人分油

一天，　一位农夫准备了21个同样的油壶去油坊装油。他把其中的7个壶装满了，还有7个壶装了1/2壶油，最后还剩下7个空壶。他把油和壶平分给三个儿子，每人分得的油要一样多，壶也要一样多。农夫没有倒来倒去，就分出来了。

（答案：第一种分法3个儿子分得整壶油、半壶油、空壶的数目分别为2、3、2，3、1、3，2、3、2；第二种分法3个儿子分得整壶油、半壶油、空壶的数目分别为1、5、1，3、1、3，3、1、3。）

第56天 准爸爸胎教：唱儿歌（2）

动物叫

小猫怎么叫，喵喵喵；
小狗怎么叫，汪汪汪；
小鸡怎么叫，叽叽叽；
小鸭怎么叫，嘎嘎嘎；
小羊怎么叫，咩咩咩；
老牛怎么叫，哞哞哞；
老虎怎么叫，嗷嗷嗷；
青蛙怎么叫，呱呱呱。

小鸭子

小鸭子，嘎嘎嘎，
不爱吃米爱吃虾；
河里游，就数它，
一到岸上就找妈。

红月亮

小弟弟，画月亮，
画好月亮拍手唱；
我的月亮红又红，
好像太阳一个样！

小青蛙

小青蛙，呱呱呱，
哭着喊着找妈妈。
燕子哄，蜻蜓劝，
一起说着悄悄话：
你的妈，我的妈，
田间捉虫护庄稼，
我们一起玩，
长大学妈妈。

小蝌蚪

小蝌蚪，像黑豆，成群结队河中游，
慌慌忙忙哪里去？我要和你交朋友。
小蝌蚪，摇摇头，转眼就把尾巴丢，
我要变成小青蛙，游到田里保丰收！

第3个月 大脑发育关键期，准妈妈要多动脑

第9周
初具人形，小尾巴不见了

胎儿在胚胎期的小尾巴已经消失了，整体变化很大。现在可以把胚胎真正称为“胎儿”了。目前是一个临界点，是整个怀孕期的一个关键时期，胎儿现在开始发育形成器官系统。

四肢变得清晰

胎儿的四肢渐渐变得清晰，可以看见小肩膀了，手臂更长了，臂弯处肘部已经形成，手指和脚趾基本发育完毕，手腕处有弯曲，两脚开始摆脱蹼状的外表，可以看到脚踝。

五官俱全的小宝宝

从这一周开始，胚胎期结束，胎儿五官俱全，头大而圆，占身体全长的1/2，腹腔里的内脏器官因生长得太快而突出其外，甲状腺、肝脏、胰腺等也均已形成。

准妈妈身体诸多变化来临

随着子宫逐渐增大，准妈妈会感觉到整个身体都在发生变化，如下腹部和肋下疼痛，双腿麻木，同时又紧绷得发疼，腰部也酸痛，这些都是比较正常的现象。但如果疼痛的同时还伴有出血，就必须向医生咨询。同时，疼痛使得神经变得更加敏感，因此保持平和的心态非常重要。在这一时期，由于妊娠激素，即人类绒毛膜促性腺激素分泌旺盛，平时在月经前皮肤容易干燥的女性，怀孕后仍会出现相同的状况。不过，有的准妈妈怀孕以后皮肤会变得细嫩。妊娠激素的影响因人而异，皮肤干燥状况严重时，需要认真护理。

把你的情绪说出来

应正确认识到忧郁是每个孕产妇都会有的情绪，要及时向丈夫、家人倾诉，明确告诉他们你的感受。产生情绪波动时，通过适当运动主动转移注意力，不要长期沉浸在不良情绪中。保证每天有足够的时间和丈夫在一起，并保持亲密的交流，这样你会感到有坚强的后盾，可以放心依靠。

第57天 夫妻恩爱胎儿幸福

亲爱的宝宝，在没有你之前，妈妈的生命只是一个半圆，在有了你之后，妈妈的生命就逐渐向一个完整的圆进发。每一天，妈妈的生命就更圆满一点。感谢你，我的宝贝，你让妈妈成为世界上最幸福的那个人。

爱是胎教的基础

人们常说，孩子是爱情的结晶，因此，胎教首先源于爱。夫妻间和美浓厚的爱意能为胎儿的健康成长提供最好的胎教环境和最贴心的保护。夫妻实施胎教时一定要充满爱心，在这样一个充满爱心的孕育过程中，准妈妈才能深切感受到胎儿的点滴变化，并能缓解和转移烦躁与不安情绪，从而产生出一种对胎儿健康成长极为重要的母子亲情。准妈妈实施胎教的爱心越强烈，胎教效果越好。

夫妻感情影响孩子性格

在幸福和睦的家庭中，胎儿会在良好的环境中健康顺利地成长。据报道，在孕早期，夫妻之间经常争吵，准妈妈情绪极度不安时，可能会引起胎儿畸形。在孕晚期，如果夫妻感情不和，准妈妈精神状态不好，则不仅可导致胎动次数增加，而且出生后婴儿常烦躁不安、哭闹不止、睡眠差、消化功能不好，严重时甚至危及生命安全。此外，这类儿童往往发育迟缓，胆小怯弱，生活能力差。当夫妻剧烈争吵时，准妈妈受到刺激继而内分泌发生变化，随之分泌出一些有害激素，通过生理信息传递途径被胎儿所接收，直接危害胎儿健康。如果夫妻口角频繁，对正在生长发育中的胎儿将会产生极大的负面影响。

第58天 养成良好饮食习惯，母子均受益

胎儿的细胞分化、器官形成主要发生在这一时期，其中，尤以人体最重要的器官——脑和神经系统的发育最为迅速。同时，这一时期也是准妈妈体内发生适应性生理变化的时期。因此，这一时期的膳食安排和营养供应对准妈妈的健康和胎儿的发育均具有十分重要的作用。

三餐定时：无论有多忙，准妈妈都应安排好自己的三餐。最理想的用餐时段为：早餐，上午7点半左右；午餐，12点左右；晚餐，下午6点左右。吃饭时间最好为30～60分钟，进食的过程要保持愉快的心情。

三餐定量：三餐都不宜被忽略或合并，且分量要充足，每餐各占一天所需热量的1/3，或呈倒金字塔形——早餐丰富、午餐适中、晚餐量少。

三餐定点：养成定点吃饭的习惯，专心进餐，尽量不要被外界干扰而影响或打断进餐。

营养均衡且食物种类多变化：身体所需的营养尽量由食物中获得，而非拼命补充维生素制剂。目前仍有许多营养素尚未被发现，所以建议多变化食物的种类，每日膳食结构要合理。从理论上讲，每天吃25种不同的食物，营养才充足全面。

以天然的食物为主：准妈妈在怀孕时应尽量多吃原汁原味的食物，如五谷、青菜、新鲜水果等；烹调的方式以保留食物原有的味道为主，少用调味料，少吃快餐，更不要食用过期、变质的食品。

第59天 营养胎教：蛋白质、维生素，保证胎儿脑发育

人们对脑组织进行分析发现，对大脑发育产生影响最大的营养素有9种：蛋白质、脂肪、维生素C、糖、钙、B族维生素、维生素A、维生素E和碘。其中，蛋白质和维生素所占比例较大。

蛋白质是大脑发育的重要物质，蛋白质占脑干总重量的30%～35%，是人脑复杂智力活动中不可缺少的基本物质。如果在胎儿期蛋白质供应严重不足，会引起胎儿大脑发育障碍，因此，应多通过饮食进行必要的补充。准妈妈在孕期可经常吃一些富含蛋白质的食物，如猪肝、瘦肉、鸡肉、鱼肉、蛋类以及豆制品等，对胎儿大脑发育将会很有帮助。此外，牛奶、酸奶中也富含人体必需的完全蛋白质。

充足的维生素C会明显促进胎儿大脑的发育，使大脑灵活敏锐，对宝宝以后提高智商和记忆力都会很有益。维生素C在新鲜水果、蔬菜、豆类中含量较多，尤其是番茄、柑橘、草莓、葡萄等，准妈妈在两餐间可以吃一些这样的水果。

B族维生素辅助蛋白质代谢。B族维生素包括维生素B_1、维生素B_2、维生素B_6、烟酸、维生素B_{12}等，它们通过帮助蛋白质代谢而促进脑活动。因此，准妈妈在补充蛋白质的同时，也要注意B族维生素的摄取，可以多吃一些糙米、豆类、牛奶、肝、鸡蛋、瘦肉等来进行补充。

维生素A是促进胎儿脑发育的重要物质，缺少维生素A可能会使胎儿智力低下，因此为了胎儿大脑更好地发育，准妈妈在孕期应适当补充维生素A，但不可过量，一般一天1毫克就可以满足需求。我们不提倡补充维生素A制剂，适当吃胡萝卜、甘薯及玉米等，以及每天进食合理的乳制品和蛋类就可以较好地维持体内维生素A的水平了。

维生素E可使胎儿大脑养分供给更充足。维生素E的主要作用是促进毛细血管的增加，改善血液循环，为大脑神经细胞的活动提供足够的营养物质。因此，充足的维生素E能使宝宝日后更加聪明。准妈妈可以多吃一些坚果（如松子、核桃等）、蛋黄、植物油等进行补充。

第60～61天

睡前故事：《小猴摘桃》

在一座高山上，有一片树林，树林里住着一群小猴子。它们中间有一只小猴子，聪明又活泼，就是老爱丢东西。

一天，小猴子对同伴们说："你们等着，我下山给你们弄点儿好吃的来！""好啊！太好啦！"同伴们非常高兴。小猴子下山了。

它走呀走呀，看见一片结满桃子的桃树林，嗬！桃树上结满了又大又红的桃子。小猴子高兴极了，心想：太好了！这么大的桃子，摘几个回去！小猴子爬到桃树上，摘了几个又大又红的桃子，心里快活极了。

小猴子抱着桃子往前走，走进一个菜园子。菜园里种着大白菜、大萝卜。咦，园子边上还种着玉米呢。大玉米穿着白袍子，长着红胡子，这个倒不错。小猴子扔下桃子，踮着脚，掰下几个大玉米。小猴子捧着大玉米往前走："哈哈！这回可以让同伴们尝点儿新鲜的了。"小猴子高兴得一蹦一跳地往前走，它又来到了一块西瓜地。

"扑通"一声，小猴子被绊了一下，摔了一个大马趴，大玉米也摔掉了。

小猴子回头一看，原来是一个大西瓜绊了它的腿。

大西瓜滚圆滚圆的，正朝小猴子笑呢。哈！大西瓜一定很甜。

小猴子想：摘个大西瓜抱回去给伙伴们多好。小猴子摘下了大西瓜。

小猴子扛着西瓜往前走，突然一只野兔从小猴子身边跑了过去。小猴子一下蹦起来，大声喊着："我要是抓只野兔回去就更好了。"

它丢下西瓜，向野兔追去，可野兔跑得飞快，一会儿就没影了。

小猴子在草丛里找，在草丛里钻，找了半天，也没找到野兔。这时候小猴子发现天快黑了，“哎呀，我得赶快回到山上去了！”

小猴子赶紧往山上跑去，闹了半天，两手空空，什么也没得到。

第62天

准爸爸胎教：为准妈妈烤制腰果饼干

腰果饼干

【材料】

黄油50克，鸡蛋1个，低筋面粉100克，糖粉40克。

【表面装饰】

腰果15粒，蛋液少许。

【做法】

1 鸡蛋提前从冰箱中取出，蛋白、蛋黄分开，分别打散成蛋液备用；黄油切小块，室温下软化后加入糖粉，用电动打蛋器打发后，分次加入蛋黄液，再次打发均匀。

2 倒入过筛的低筋面粉，混拌均匀，盖上保鲜膜醒15分钟。

3 将面团分成10克一个的小面团，并用手捏成圆形面饼。

4 每个圆形面饼上面用蛋白液粘一个腰果并按扁，放入烤盘中，烤箱预热好后，将烤盘放入烤箱中层调至175℃烤20分钟左右即可。

腰果也可以换成等量的核桃仁、杏仁、榛子等坚果。坚果中含有丰富的蛋白质，各种维生素含量也很高，还含有人体所必需的脂肪酸、油酸、亚油酸和亚麻酸，对准妈妈的身体和胎宝宝的智力发育都大有益处。

坚果的吃法多种多样，准妈妈可以变换方式食用，但是注意一次食用量不要过多。

第63天

准爸爸胎教：让胎儿熟悉爸爸的声音

胎儿在子宫内最适宜听中低音，而男性的说话声音正是以中低音调为主。因此，准爸爸坚持每天对子宫内的胎儿说话，让胎儿熟悉爸爸的声音，能够唤起胎儿最积极的反应，有益于宝宝出生后的智力发育及情绪稳定。

胎教中的开场白和结束语

准爸爸在开始和结束与胎儿的对话时，都应该常规性地用抚慰及能够促使胎儿形成自我意识的语言对他说话，具体实施如下：

开场白是：“宝贝（或者叫乳名），我是你的爸爸，我会天天跟你说话，我会告诉你外界一切美好的事情。”结束语要对胎儿给予鼓励：“宝贝，你是个聪明的孩子。爸爸爱你，再见！”

与胎儿对话的方法

准爸爸可以让准妈妈坐在宽大舒适的椅子上，然后由准妈妈对胎儿说：“宝贝，爸爸就在妈妈旁边，你想听他对你说什么吗？”这时，准爸爸应该坐在距离准妈妈50厘米左右的位置上，用平静的语调开始说话，随着说话内容的展开再逐渐提高音调，不能一下子发出高音，以免惊吓到胎儿。

给胎儿唱儿歌《我是一个粉刷匠》

我是一个粉刷匠，
粉刷本领强，
我要把那新房子刷得很漂亮。
刷了房顶又刷墙，
刷子飞舞忙，哎呀我的小鼻子，
变呀变了样。

第10周

面部清晰，大脑迅速发育

胎儿现在的身长和体重已经能在一定程度上预示他的成长情况了，因为他的结构比例基本上已经成形了，来看一看这一周胎儿的变化吧。

胎儿面部已经清晰

此时胎儿面部基本发育完全，眼睛、鼻子、嘴等都已各就各位。现在他的眼皮还粘在一起，第24周后才能睁开，20个微小的牙蕾已经开始形成。从形态和大小来说，胎儿像一个扁豆荚。

大脑正在迅速发育

从本周起，胎儿的脑细胞会进入迅速增殖的阶段，主要是脑细胞体积增大和神经纤维增长，脑重量会因此不断增加。现在，胎儿的神经系统也开始有反应了。

四肢越来越清晰

现在，胎儿的关节已经形成，手臂更长且肘部变得更加弯曲，手指和脚趾已开始分开，并清晰可见，手腕已经成形，脚踝发育完成，指甲正在生长。

准妈妈嗅觉变得异常敏感

准妈妈的食欲会有所改变，嗅觉变得异常敏感，会对一些食物或气味感到恶心。胸部的变化也比较明显，孕期激素的分泌和血流量的增大，会使乳房变大、乳头变黑。

第64天 赶走孕期坏情绪

成功的胎教，要求准妈妈保持心情舒畅。对于孕期的不快和烦闷，准妈妈可以通过自己感兴趣的活动，如听音乐、看电影、郊游等，将坏情绪化解，使情绪朝积极的方向转变。

适度的运动

适度运动能加快血液循环，缓解准妈妈的忧郁、紧张等不良情绪，还能增强抵抗力，给胎儿提供一个安全健康的发育环境，这也能在一定程度上帮助准妈妈保持好心情。到附近草木茂盛的宁静小路上散散步，做做体操，让孕期烦闷的心情变得舒畅。

转移注意力

当发现自己情绪快要崩溃时，准妈妈最好赶快通过其他事物转移自己的注意力，比如离开让自己生气的现场，到外面走走，或是听听音乐、看场喜欢的电影等，但是不要让自己一直沉溺在负面的情绪中。

找人倾诉

假使准妈妈实在静不下心看书、听音乐，那么最快解决心中不快的方法，就是找人倾诉，从相互沟通中得到支持与慰藉。准妈妈也可以多结识一些怀孕的朋友，互相交流感受与心得。

学会调控情绪

准妈妈应该正确认识孕期坏情绪，并积极对情绪进行调控，这才是明智的做法，而且对胎儿、对自己、对家人都是大有好处的。准妈妈可以尝试抛开所有的烦恼，全心投入到孕育宝宝的快乐中去，你会发现那些所谓的烦恼，不过是一些很微不足道的事，不值得浪费自己的精力，更不值得影响自己的心情。

第65～66天

为你读诗：《你是人间的四月天》

我说你是人间的四月天；
笑响点亮了四面风；
轻灵
在春的光艳中交舞着变。

你是四月早天里的云烟，
黄昏吹着风的软，
星子在无意中闪，
细雨点洒在花前。

那轻，那娉婷，你是，
鲜妍百花的冠冕你戴着，

你是天真，庄严，
你是夜夜的月圆。

雪化后那片鹅黄，你像；
新鲜初放芽的绿，你是；
柔嫩喜悦，
水光浮动着你梦期待中白莲。

你是一树一树的花开，
是燕在梁间呢喃，
你是爱，是暖，是希望，
你是人间的四月天！

作者简介：林徽因（1904～1955），中国著名建筑师、诗人、作家。

第67天

准妈妈动动脑：智力游戏（2）

金字塔之谜

观察图形的排列顺序，下列选项中哪一项可以替代问号？

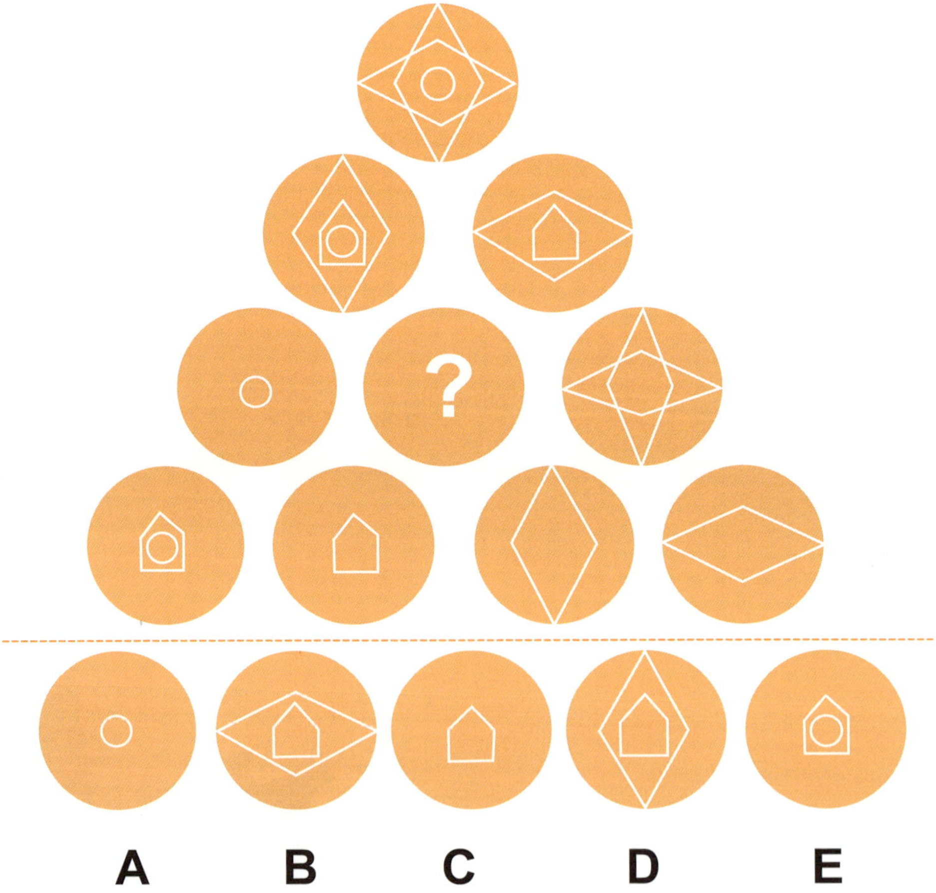

（答案：D。每对圆圈里的图形组成了其上方圆圈里的图形，不过只保留两圆圈内不同的部分，去掉相同的部分。）

第68天 用"美好联想"塑造漂亮宝宝

有些准妈妈在得知自己怀孕后，在家里墙壁上贴上自己喜欢的宝宝照片，天天看，据说这样就会生出漂亮宝宝。这是一种民间做法，但也并非全无科学根据，漂亮的图片使准妈妈情绪平稳、心情舒畅，进而能使胎儿的发育受到良好刺激。

准妈妈如果经常想象胎儿的形象，在想象的时候情绪达到最佳状态，能够促进良性激素的分泌，并促进胎儿面部结构匀称，皮肤发育良好。

如何进行联想

自由地深呼吸，想象每一次吸进的氧气都是最新鲜的，你的整个身体都是新鲜的。然后，慢慢地吐气，想你那些紧张、压力与不愉快，都像粉尘一样，统统被吐出去了。想象一下，他长得像谁？他的性格怎样？你希望他将来成为一个什么样的人？当那些想象中的画面一一出现时，你身上的每一个细胞都会变得兴奋而充满活力。美好的想象能够提高准妈妈的自信心，并能最大限度地激发胎儿的潜能，对预防妊娠抑郁症也很有效果。因为这些"心理图像"会给你带来更多美好的体验，所以，在孕期所遇到的一切困难也会变得微不足道了。

美好的联想会给胎儿带来正面的影响

由于联想对胎儿具有一定的"干预"作用，因此，准妈妈联想的内容十分重要，美好的联想画面会给胎儿带来美的熏陶，而灰暗的联想内容则会起到反面作用。有少数准妈妈把由怀孕引起的各种身体不适都归罪于胎儿，从而产生怨恨的心理。长期在这种情况下发育的胎儿出生后大多会有情感障碍，出现感觉迟钝、情绪不稳、体质较差等现象。因此，准妈妈应及时排除不良的意识和联想，尽量多关注美好、积极的事物，将善良、温柔的母爱充分地调动出来，以促进胎儿的健康成长。

第69天 音乐胎教：《蜜蜂做工》

在怀孕初期，准妈妈应该多听一些欢快的、优美的音乐或者活泼有趣的儿歌童谣，并且随着乐曲轻轻哼唱。一些生物学家认为，有节奏的音乐可以刺激生物体内细胞分子发生共振，使原来处于静止和休眠状态下的分子和谐地运动起来，促进细胞的新陈代谢。心理学家认为，音乐能渗入人的心灵，激起人们无意识的超境界幻觉，并能唤起平时被抑制的记忆。

唱《蜜蜂做工》这首歌时不需要特别大的气息量，应该感觉到气息的轻盈，有种跳动的感觉。要注意这首歌明快的节奏，可以用踏脚的方式来帮助你掌握好这首歌的节奏。

第70天

准爸爸胎教：为准妈妈打造舒适的居住环境

舒适的室温

室温不要过高或过低。室内温度不合适，准妈妈的血液循环就会受影响。冬天准妈妈要根据室内暖气的情况，随时增减衣服。夏季空调不宜过冷，还要注意及时通风换气。

适宜的空气湿度

室内最佳的空气湿度为50%，若相对湿度太低，会使人觉得口干舌燥、喉痛及流鼻血等。调节的方法是：放置加湿器或在火炉上放水壶、暖气上放水槽、室内摆水盆或地上喷洒水等。如果湿度太高，则导致室内空气潮湿、衣褥潮湿，容易引起消化功能失调，食欲下降，肢体关节酸痛、水肿等。调节的方法是，移走室内潮湿的东西，打开门窗，通过换气散发潮湿的气体，尽量做到湿度适宜。

合理的家具陈设

准妈妈卧室内的家具要尽可能地靠墙放，棱角不要凸出太多，要使卧室内的空间相对增大，便于准妈妈室内活动。

舒适的床铺

被褥用具既要松软、保暖、清洁，又不能过重，以免压迫准妈妈腹部而造成不适。此外，准妈妈最好不要选用过于柔软的弹簧软床。

新鲜的空气

因准妈妈对缺氧非常敏感，轻微的缺氧就会导致头昏眼花，还会造成胎儿缺氧。因此，准妈妈居室内应保持空气流通，每天开窗通风，使居室内有充足的氧气。

干净、整洁的环境

室内应窗明几净，清洁无尘，防止蚊蝇滋生。居室内禁止吸烟，做好防护，以免厨房中的油烟进入居室。不使用新买的家具，夏季不宜使用蚊香。

第11周

羊水中欢畅的“小鱼”

胎儿生长的速度真的很快，虽然才过去几天，但是他现在已经学会将自己的小手放到嘴里吸吮了，并且还会打哈欠了。

做一条羊水中欢畅的“小鱼”

随着羊水量越来越充足，胎儿现在在羊水中就如同一条优雅的小鱼，和着羊水震荡的节奏，他会轻轻地伸伸胳膊摇摇腿，或者旋转一下身体，就像一条欢畅的小鱼。当他高兴的时候，会频繁地活动身体，还会有两脚交替向前走的动作，这就是宝宝原始的行走。

不盈一握的胎儿

这一周，胎儿身长达到6厘米，体重约19克。胎儿头部还是占据着身体一半的大小。现在可以清晰地看到胎儿脊柱的轮廓，脊神经开始生长发育了，还没有睁开的小眼睛里，虹膜开始发育。

成长速度越发惊人

这一周，胎儿的成长速度越来越快，很多细微之处开始出现，如手指甲和绒毛状的头发开始出现，胳膊发育加快，肢体加长，骨骼变硬。

准妈妈血液量增多

在这一时期，准妈妈的基础代谢量迅速增加，比受孕前增加25%左右。因为热量消耗迅速，准妈妈应当摄取足够的蛋白质和热量。虽然每个人的情况有所不同，但在妊娠期间，准妈妈的血液量通常会增加50%以上。因为子宫不断增大，所以血液需求量就随之增加。增多的血液对准妈妈和胎儿起到保护作用，用以应对紧急出血的状况。血液量从孕早期就开始增加，到妊娠中期时达到最高值。血液量增多后，准妈妈的排汗量也会随之增加，因此应注意补充水分。

特别提醒

不能长时间穿着防辐射服：孕妇长时间穿防辐射服容易使胎儿处于封闭状态，不利于身体发育。所以孕妈妈穿防辐射服应注意三点：①有需要时再穿，如身边有微波环境或强大的电磁辐射；②及时脱换，在没有辐射的环境下尽量脱下防辐射服，让肚子里的宝宝“透透气”；③晒太阳时不穿。

第71天 对话胎儿：起名字，充满爱意的呼唤

准妈妈和准爸爸经常充满爱意地呼唤胎儿的乳名，胎儿会记忆深刻。宝宝出生后，当父母呼唤其乳名时，他听到曾经熟悉的名字会产生一种归属感和特殊的安全感，烦躁、哭闹等情况会明显改善，有时会露出高兴的表情。因此，给胎儿起名字很重要，下面就给正在为胎儿取名字而烦恼的准爸妈们提供一些建议：

起名不选多音字。名字中的多音字让人读起来无所适从，更会让孩子有被人取绰号的可能，所以家长在起名时最好避免。

名字中避用生僻字。由于名字中的生僻字大都无法使用计算机录入，因此在进行户口登记、办理证件及银行业务等时，会屡屡遇到麻烦。不仅如此，名字中滥用生僻字、不规范字，也会影响交际，容易被别人叫错名字或者被忘记而显得尴尬。

起个双名不易重。根据国家语言委员会的资料显示，单名重名率为67.7%，双名重名率为32.4%，所以父母最好不要给孩子起单名。名字不要同声调。名字中几个字的音调不要相同，最好升降有别，这样叫起来才响亮。汉语拼音分为四个声调，俗话说“一声平，二声扬，三声拐弯，四声降”，名字的最后一个字最好不要用三声，因为三声字响亮程度相对差一些。

声韵选择要讲究。起名时，最好选用不同的声母，韵母也最好不要相同。要想名字响亮动听，名字带含鼻音的韵母读起来比较响亮；在非鼻音韵母字中，主要元音开口度大的，响亮程度较高。

字形结构有变化。名字选用的字结构不要太单一。像“林杨桦”“国园园”“吕昌晏”这些名字写起来略显单调，缺乏变化的美感，还可能影响人们对签名的识别。

避免谐音不美。起名时如果谐音运用得巧妙，会使人感到含蓄，不落俗套。

但是，像“胡莉晶”（狐狸精）“范婉”（饭碗）“侯岩”（喉炎）之类谐音不美或者容易造成歧义的名字，起名时应该注意避免。

第72天

孕期扮美：补水保湿不偷懒

补水保湿在任何时候都是一项绝对基础的护肤工作，可以避免后期很多肌肤问题的出现。所以即使在孕期，也一定要坚持做好补水保湿的工作。有些准妈妈害怕对胎儿有影响，什么都不敢擦，导致肌肤又干燥又粗糙，结果会引起更大的肌肤困扰，斑点、皱纹、松弛……一个个肌肤问题接踵而至，让准妈妈们烦恼不堪。

孕期护肤产品尽量选择成分简单一点的，最好选择不含或少含香精的，不含A酸或者A醇类成分的产品，因为酒精也会对肌肤产生一定的刺激。另外，要选择正规的品牌，防止其中含有激素类或者铅汞成分。

清理一下你的日常护肤品

保留	丢掉
洁面产品：保湿类，泡沫状，啫喱状	美白类化妆水：属于机能化妆水，容易刺激肌肤，导致过敏
化妆水：矿物质喷雾，成分简单、天然，清透好吸收	代谢角质的产品：比较温和的精华液质地，但是仍然会有一定的刺激性
保湿类：主要成分是大分子玻尿酸及甘油等一些简单的保湿剂	精华液：抗皱类——功效过于强大，且能进入深层肌肤，安全性低
乳液：水包油工艺，成分简单，不含矿物油，不含石蜡，天然荷荷巴油，少量精油调香	美白类：含有熊果苷、左旋C成分，酸性，对肌肤有一定的刺激
保湿类面膜：补水锁水，含天然成分，不刺激	防晒隔离霜：受激素的影响，准妈妈在孕期皮肤较为敏感，不建议使用化学性防晒隔离霜

第73天

和大宝一起玩：走迷宫

帮汉堡包妹妹找到蛋糕宝宝。（用“⟶”标出）

在寻找的过程中，准妈妈的手、脑都得到了锻炼，胎宝宝也能体会到准妈妈愉悦的心情。

第74天

睡前故事：《咕咚来了》

一只可爱的小白兔，住在美丽的湖边。湖边种了一棵木瓜树。有一天，小白兔正在湖边玩耍，忽然听见“咕咚”一声，吓得小白兔撒腿就跑。

小狐狸碰上了小白兔就问：“小白兔，你怎么了？”小白兔边跑边回答：“咕咚来了，快跑呀！”小狐狸吓得也跟着跑了起来，很快森林里逃跑的动物越来越多，有小鹿、松鼠、大象等。

它们的跑声惊动了正在睡觉的森林之王狮子，狮子大吼了一声问：“你们怎么了，出了什么事情？”这个时候大家才你看我我看你，不明白到底是怎么回事。后来小白兔讲：“湖边好像有一个可怕的怪物，我听到它发出‘咕咚、咕咚’的声音，我吓得撒腿就跑。”狮子就说：“大家跟我来，我不相信谁比我还厉害。”大家纷纷跟着狮子来到了小白兔的家，恰巧这时湖边又传来“咕咚”的一声，大家一看原来是成熟的木瓜掉到湖里了。动物们互相看着大笑了起来，原来是虚惊了一场。

第75天 职场准妈妈要注意工作环境

在办公室工作的准妈妈不要整天坐着不动，每隔1个小时就要起来走动一下，或做一些简单的伸展动作。准妈妈即使要加班，也要在中间放松一下，站起来走走，也可做一些简单的伸展动作。感到疲劳的时候就要停下来休息，在此，不建议准妈妈加班。

注意工作中的饮食问题

如果公司食堂的菜不好吃或者是工作餐营养不均衡，准妈妈可以从家里带饭到公司吃，既卫生又有营养，也能照顾自己的口味，有利于营养的均衡摄入和吸收。注意不要去公司附近的路边摊、小饭馆等卫生条件差的地方吃饭。另外，吃点健康小零食补充体力没问题，但千万不要为了图方便吃油炸类、腌制食品等零食来代替正餐。

经常开窗透气

现在的写字楼里因为一般有空调，所以很少开窗户，准妈妈可以把座位调换到有窗户的位置，经常开窗透气。也可以买个小型的空气净化器放在办公桌旁。

工作中的休息和调整

上班时候昏昏欲睡、没有精神是很多职场准妈妈的烦恼，所以准妈妈可以利用午休的时间到会议室，或是员工休息室休息一会儿，半小时到一小时就能恢复精神。工作到一半如果很想睡觉，就起来到户外走动一下，呼吸一下新鲜的空气，或者和同事聊几句，让自己兴奋起来，但不要用咖啡、茶之类的刺激性饮料提神。试试嚼口香糖，也可以使用一些温润型的精油来提神，并且这个时期准妈妈最好调换一下工作内容。

上班舒适小窍门

可在办公桌底下放个鞋盒当作搁脚凳，准备一双拖鞋，需要时换上。穿舒适的鞋，可以选择适合孕妇的长袜和上衣。穿宽松舒适的连衣裙，方便坐下或站起。在办公桌上准备一个大水杯，随时喝水。

第76天 为你读诗：《雨》

妈！我今天要睡了——要靠着我的妈早些睡了。听！后面草地上，更没有半点声音；是我的小朋友们，都靠着他们的妈早些去睡了。

听！后面草地上，更没有半点声音；只是墨也似的黑！只是墨也似的黑！怕啊！野狗野猫在远远地叫，可不要来啊！只是那叮叮咚咚的雨，为什么还在那里叮叮咚咚的响？

妈！我要睡了！那不怕野狗野猫的雨，还在墨黑的草地上，叮叮咚咚的响。它为什么不回去呢？它为什么不靠着它的妈，早些睡呢？

妈！你为什么笑？你说它没有家么？——昨天不下雨的时候，草地上全是月光，它到那里去了呢？你说它没有妈么？——不是你前天说，天上的黑云，便是它的妈么？

妈！我要睡了！你就关上了窗，不要让雨来打湿了我们的床。你就把我的小雨衣借给雨，不要让雨打湿了雨的衣裳。

作者简介：刘半农（1891~1934），江苏江阴人，中国新文化运动先驱，文学家、语言学家和教育家。

第77天 准爸爸胎教：为胎儿唱《小红帽》

准妈妈和准爸爸对这首儿歌应该不陌生了。小红帽是格林童话《小红帽》中的小主人公，是个人见人爱的小姑娘，喜欢戴着祖母送给她的一顶红色天鹅绒帽子，于是大家就叫她小红帽。有一天，妈妈叫她给外婆送蛋糕和鲜花，并嘱咐她不要离开大路，走得太远。小红帽在森林中遇见了狼，她从未见过狼，也不知道狼生性残忍，于是告诉狼她要去外婆家。狼知道后就诱骗小红帽去采野花，自己则跑到林中小屋去把小红帽的外婆吃了。之后，狼伪装成外婆，等小红帽来找外婆时，又一口把她吃掉了。后来多亏一个机智勇敢的猎人把小红帽和外婆从狼肚里救了出来。

后来，人们就用“小红帽”来比喻天真幼稚、容易上当受骗的孩子。

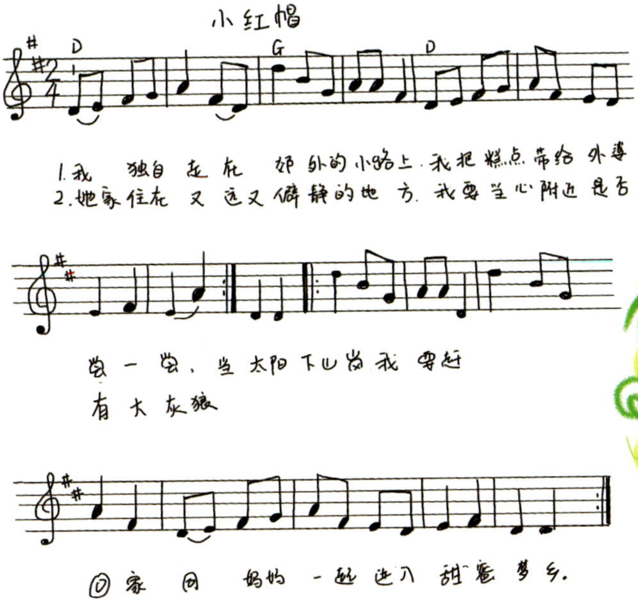

第12周 小脸变得漂亮了

胎儿的成长速度在本周越发惊人，他的手指和脚趾完全分开，部分骨骼开始变得坚硬。

胎儿的小脸越来越有形了

胎儿的面部器官已经全部就位，眼睛在额部，看起来更加显眼，两眼之间的距离拉近了，眼睑已发育，眼睛仍紧闭着，耳朵已经由颈部移到头部两侧的正常位置。这个时候，胎儿对吸吮、吞咽羊水的动作更加熟练了，而且还学会了噘嘴、张口闭口等新动作。胎儿皮肤的感觉在孕后8周出现，到12周左右便与成人一样发达了。外胚层发育时，有的发育成皮肤，有的发育成大脑，为此有人称皮肤是人的“第二大脑”。这时，准妈妈经常进行一些轻柔的运动、舞蹈，可使羊水轻轻晃动进而刺激胎儿的触觉，同时也能促进大脑的发育。

胎儿能排尿了

这一周，胎儿所有的内脏器官都已形成并开始工作，肝脏开始制造胆汁，肾脏开始制造尿液。这将在很大程度上减少外来药物和感染对他造成的伤害。肾脏制造的尿液开始进入膀胱，进而排泄到羊水里，羊水的成分也将因此而改变。

准妈妈出现黄褐斑

现在准妈妈的皮肤可能有些变化，一些准妈妈的脸上和脖子上不同程度地出现了黄褐斑，这是孕期的正常现象，产后会逐渐消退。此时，准妈妈要注意防晒，减少黑色素的沉积。准妈妈还要注意补钙，这对胎儿的视力发育有益。

特别提醒

还没有建立孕检档案的准妈妈，现在要准备建档了。

孕检档案对整个孕期来说非常重要，医生为每位准妈妈做各项产检时，会依据手册内记载的检查项目分别进行并做记录。一般来说，准妈妈大多会在建档的医院分娩，因此，要选择最适合自己的医院。

第78天 对话胎儿：给你起个好听的名字

宝贝，在还没有你的时候，我和爸爸就讨论过你的名字；有了你以后，我们更是为给你取名而绞尽脑汁。爷爷奶奶、姥姥姥爷也给你起了好多名字。在一本书里，有这样两个名字，妈妈很喜欢，如果是女孩，就叫紫薇；如果是男孩，就叫倚剑。宝贝，你喜欢吗?

紫薇

紫薇7月开放，9月凋谢，有红、白、蓝、紫等颜色。它的花期长达百天，因此得名“百日红”。宋朝杨万里曾作《紫薇》诗：“似痴如醉弱还佳，露压风欺分外斜。谁道花无百日红，紫薇长放半年花。”“紫薇”二字可称得上是美名，发音非常好听，很多姓都适合与“紫薇”搭配。

倚剑

唐朝李益《过五原胡儿饮马泉》：“绿杨著水草如烟，旧是胡儿饮马泉。几处吹笳明月夜，何人倚剑白云天。从来冻合关山路，今日分流汉使前。莫遣行人照容鬓，恐惊憔悴入新年。”

这首诗中的“倚剑”二字可作名字。“剑”字是有阳刚之气的名字，男孩适合用“剑”字为名，再用“倚”字做修饰，更显得豪气冲天。

以上举出两例作为用起名字进行胎教的方法，准妈妈准爸爸可以充分发挥想象力，在给宝贝起一个好听的名字的同时也做了胎教。

告诉宝宝，爸爸妈妈的名字

跟胎儿对话的时候，可以把爸爸妈妈的名字告诉宝宝。可以在纸上写下来，告诉胎儿发音和意义，让胎儿在肚子里就对爸爸妈妈有所了解。这既增进了胎儿与父母之间的感情，又达到了语言胎教的目的。

第79天

准妈妈动动脑：走迷宫

按照0～10的顺序帮助老鼠找到奶酪。

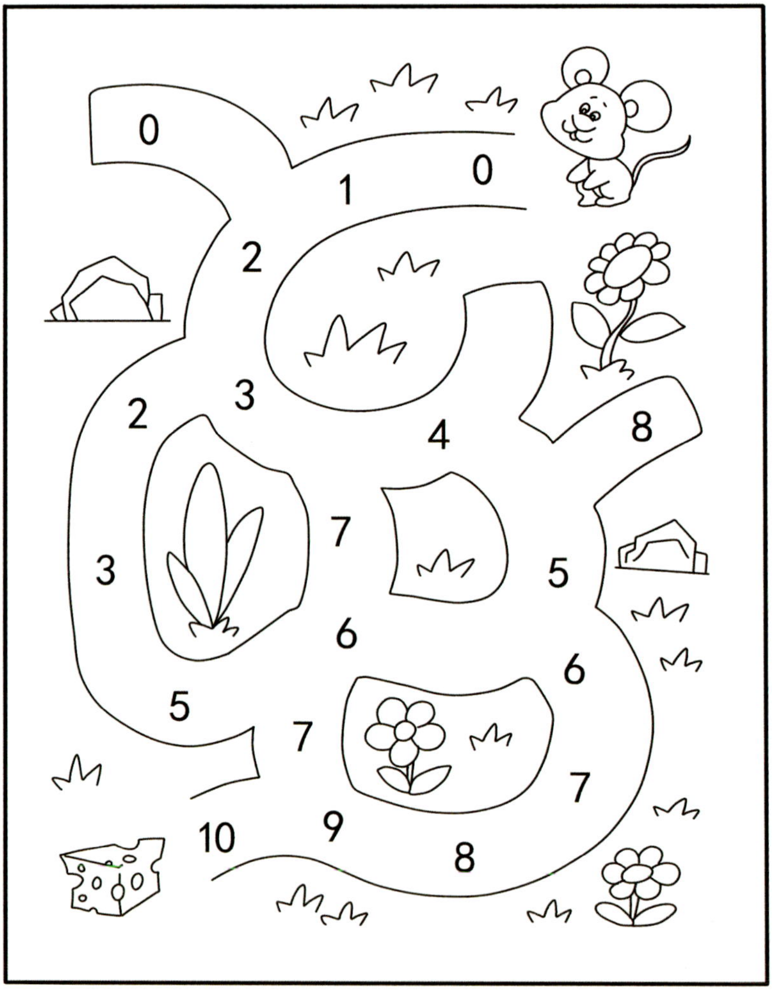

走迷宫是在仔细观察局部和整体的基础上，边判断通往出口的正确路径边前进的游戏。走迷宫游戏能锻炼准妈妈的注意力、观察力和思考力，也能促进胎宝宝的大脑发育。此外，走迷宫更是一种描绘方向性线条的练习，还能为宝宝将来写字、绘画打下良好的基础。

第80天 音乐胎教：《鸟店》

德国作曲家莱克的《鸟店》是一首充满儿童情趣的通俗钢琴乐曲，生动的鸟鸣声会引起胎儿的注意。

《鸟店》通过一个个跳跃的音符描述了这样一个生动的故事：清晨，在寂静的屋子里，小鸟们快乐地唱着歌。突然闯进来一只猫，小鸟们吓坏了。音乐惟妙惟肖地表现出小鸟们的恐惧。最后，猫终于走了，小鸟们又恢复了快乐。

乐曲让准妈妈和胎儿欣赏到了各种鸟儿惟妙惟肖的鸣叫声。乐曲中出现了杜鹃、小黄莺的鸣叫声，准妈妈和胎儿可以仔细辨认一下，有助于提高胎儿对声音的感受力。

第一段音乐描写了宁静的清晨，这段音乐里我们能听到什么声音呢？能听到钟声、公鸡的叫声及鸟叫的声音。第二段音乐，听听小鸟们都在忙些什么呢？这段音乐中有快速、中速、慢速，快速描写了小鸟们在互相追逐，中速描写了小鸟们在做游戏，慢速描写了小鸟们在休息。鸟儿们在自己的天堂里过着幸福、快乐的生活。第三、第四段音乐，描写了一件可怕的事情即将发生。听，猫来了，猫对这些可爱的小鸟早就垂涎三尺了，这时出现了一段紧张的音乐，小鸟们似乎吓坏了。不过，鸟儿们都被关在笼子里，猫抓不到它们，终于灰溜溜地走了。

第81天

睡前故事：《小猫钓鱼》

在树林旁边，有一条小河，河里有许多小鱼在游来游去。

一天早晨，猫妈妈带着猫弟弟到河边去钓鱼。它们刚坐下，一只蜻蜓飞来了。蜻蜓真好玩，飞来飞去像架小飞机。猫弟弟看了真喜欢，放下钓鱼竿，就去捉蜻蜓。蜻蜓飞走了，猫弟弟没捉着，空着手回到河边。一看，猫妈妈钓了一条大鱼。

猫弟弟又坐在河边钓鱼，一只蝴蝶飞来了。蝴蝶真美丽，猫弟弟看了真喜欢，放下钓鱼竿，又去捉蝴蝶。蝴蝶飞走了，猫弟弟又没捉着，空着手回到河边。一看，猫妈妈又钓了一条大鱼。

猫弟弟说："真气人，我怎么连一条小鱼也钓不着？"猫妈妈看了看猫弟弟，说："钓鱼就要一心一意，不要三心二意。你一会儿捉蜻蜓，一会儿捉蝴蝶，怎么能钓着鱼呢？"猫弟弟听了猫妈妈的话，很难为情，从此一心一意地钓鱼了。蜻蜓又飞来了，蝴蝶也飞来了，猫弟弟就像没看见一样，一动也不动。不一会儿，钓鱼竿上的线往下沉，钓鱼竿也动起来了，猫弟弟使劲把钓鱼竿往上一甩，"哎哟"一条大鱼钓上来啦。鱼摔在地上，噼里啪啦地乱蹦乱跳，小猫赶紧捉住这条大鱼，高兴地喊了起来："我钓到大鱼啦，我钓到大鱼啦！"猫妈妈和猫弟弟一起抬着大鱼高高兴兴地回家了。

第82天 品行端庄，有益于胎儿的性格

培养胎儿的品行同样是胎教中一个重要内容，那么准妈妈应该如何做才能培养出好品行的宝宝呢？

近美好，避邪恶

胎儿生长发育需要的营养和氧气，是经准妈妈血液通过胎盘供给的，准妈妈情绪变化会影响激素分泌和血液中的化学成分。积极的情绪会使血液中有益于胎儿健康发育的化学物质增加，而消极的情绪则会使血液中有害于胎儿神经系统和其他组织健康发育的化学物质增加。

因此，准妈妈要多接触美好的事物，使秀气入胎，回避淫邪、凶残、丑陋等不良刺激。这样胎儿才会聪明、漂亮。

端心正坐

端心正坐需要准妈妈做到以下几点：

加强自己思想品德的修养，培养高尚的情操和美好的心灵。

胸襟开阔，乐观豁达，无私心杂念，不患得患失。

专心致志地工作和学习，去赢得事业上的成功和快乐。

生活上知足，待人宽厚，助人为乐，处事无妒忌之心，言行端庄大方，做到“坐无邪席，立无偏倚，行无邪径，目无邪视，耳无邪听，口无邪言”。只有这样，才有助于胎儿养成良好的气质与性格。

怡情养性

宁静即是准妈妈最好的胎教，这要求准妈妈遇事冷静，使心静于内，虚谧于中，做到“无悲哀思虑惊动”，不为七情所伤，摒弃孤独、忧伤和烦恼，始终保持稳定、乐观的积极情绪。

日常生活中避免强烈噪声，保持环境安静。

切勿过度劳累、逛街或参加长途步行旅游等活动。

为了稳定情绪，减轻妊娠反应，可听一些抒情的音乐。

如此，可使准妈妈气血和顺，胎源调固，有利于胎儿的生长发育。

第83天

和大宝一起玩：图画捉迷藏

找出藏在画面中的，并给画面上色。

第84天 准爸爸胎教：陪大宝玩积木

大块在下，小块在上

游戏目的：①提高手眼协调性、抓握能力和搭高物品的能力，激发宝宝的想象力和创造思维。②让在一旁的妈妈和胎儿听到游戏中的对话，给予胎儿良性刺激，使之熟悉家庭成员的声音。

1.给宝宝正确地示范：先用大积木垫底，再依次用较小的积木，搭2～4块积木，然后让他模仿着加积木。

2.如果宝宝不感兴趣，你可先搭好一个小房子，只让他搭最后一块。

3.在宝宝感兴趣后，你用语言在旁边指导即可。

认识多和少

游戏目的：训练宝宝的比较及判断能力。

以上游戏适合3岁左右的宝宝，父母可根据自家宝宝的年龄选择适合的游戏。积木游戏也可以父母一起玩儿，在游戏过程中告诉胎宝宝积木的形状和颜色，并用积木拼搭出各类房子、城堡，在玩的过程中促进胎儿的大脑发育。

1.宝宝在玩积木的时候，爸爸把积木分成两堆，让他区分出哪堆积木多，哪堆积木少。

2.刚开始的时候，两堆积木之间的差别可以非常明显。次数多了以后，可以逐渐让积木的数量差异减小，然后让宝宝用一一对应的方法去查出到底哪堆积木多一些，哪堆积木少一些。这样还可以让宝宝初步掌握一一对应的技巧呢。这一技巧在以后的生活中有非常重要的作用。

第4个月

对话与阅读，有益于胎儿大脑发育

第13周 胎盘和脐带发育完成

恭喜准妈妈顺利进入孕中期！现在的你已经可以看出是一个幸福的准妈妈了，同时你还会觉得胃口大开，食量也会猛增，不要担心，这些都是因为胎儿正在迅速成长。

面部发育更加细致

现在，胎儿看上去更像一个漂亮的娃娃了。他的面部更加清晰，五官明显，双眼之间的距离还在缩小，已向面部中央进一步靠近了，眼睑仍然紧闭，小嘴张合的动作更加纯熟。脖子已经发育得足以支撑头部了。

胎盘和脐带发育完成

在这一周，陪伴胎儿整个孕期的一个重要部分发育完成，这就是胎盘。同时，从胎盘将营养和氧气输送到胎儿体内的通道——脐带也已经稳定地投入工作，它也将负责把胎儿的代谢废物运送出去。在接下来的日子里，胎儿将源源不断地通过胎盘得到自己所需要的营养和氧气，迅速而稳健地继续发育。

胎儿身体迅速成熟

这一周，胎儿的骨骼发育明显，神经元迅速增多，神经突触形成，条件反射能力加强，手指开始能与手掌握紧，脚趾与脚底也可以弯曲，身体迅速长大和成熟起来。

准妈妈告别早孕不适反应

从这一周开始，准妈妈安全进入了孕中期。现在准妈妈会觉得胃口大开，食量也会猛增，这些都是因为胎儿正在迅速成长。

在这周准妈妈可能会发现妊娠纹加深了，或者才开始出现；面部也许还出现了褐色的斑块，不必太担心，这些都是怀孕的正常表现，随着分娩的结束，斑块会逐渐变淡或消失。本周准妈妈的乳房会更加膨胀，乳头和乳晕的色素加深，同时阴道会有乳白色的分泌物流出。

第85天 对话胎儿：宝宝，你会像谁呢

确认怀孕以后，你和爱人会不会经常猜想宝宝的长相呢？希望他长得像妈妈还是像爸爸呢？

读一读下面这段文字，这是智利女诗人加布里埃拉·密斯特拉尔在孕育过程中写下的《母亲的诗》中的一部分，是不是能代表准妈妈们的心声呢？

他会是什么模样

他会是什么模样？我久久地凝视着玫瑰的花瓣，满心欢喜地抚摸它们，我希望他的小脸像花瓣一样娇艳。我在盘缠交错的黑莓丛中玩耍，因为我希望他的头发也长得这么乌黑卷曲。不过，假如他的皮肤像陶工喜欢的黏土那般黑红，假如他的头发像我的生活那般平直，我也不在乎，反正他是我的。

我眺望山谷，雾气笼罩着那里时，很像一个女孩的侧影，一个十分可爱的女孩，因为我的小东西也可能是女孩。

但最要紧的，我希望他的眼神跟那个人一样甜美，声音像那个人对我说话一样，因为他身上有那个人对我的爱情。

第86天

准妈妈动动手：自制胎教卡片

利用卡片进行胎教，能够让胎儿更直观地了解这个世界，增强胎教效果。

❋自制卡片内容

准备一些白色的硬纸片，剪成合适大小（140厘米×150厘米），用水彩笔在上面写上文字、数字，或画上图画、音符等内容，比如拼音、汉字、阿拉伯数字、五线谱等。在将上述内容制成卡片时，还要考虑它们相互间的色彩搭配，要用鲜艳的色彩勾画，并用黑色勾边，使边线具有醒目和利于区别的作用。这样，在进行胎教的过程中可以强化准妈妈的意念，并促使准妈妈获得明确的视觉感受。

❋何时开始制作卡片

虽然只是制作卡片，但是要考虑胎教内容，还要考虑内容之间的色彩搭配，所以最好是在准备怀孕或者怀孕早期，就把它们一点点做起来。

❋如何让胎儿通过卡片了解世界

胎教成功的诀窍就是将三维要素（即具体的、有立体感的形象而不是平面的形象）导入胎教中去。所以在进行卡片胎教时，准妈妈要学会运用自己的声音和自己丰富的想象，把内容传输给胎儿。比如，在教阿拉伯数字“1”时，准妈妈不能觉得自己看到了就等于胎儿也看到了，要集中自己的注意力在“1”上，观察它的形状和颜色，当它的形象已经在脑海中很鲜明时，再做些有意思的想象：想象有一只小鸭子浮在河面上，有一棵大树立在田野里，有一只大雁飞过天空……这些想象可以用来表示“1”的含义；也可以想象一根电线杆、一支铅笔的形状……这些想象可以加深胎儿对“1”的“外貌”的认知。当然，在想象这些有意思的情景时，别忘了发好“1”的读音。

第87天 营养胎教：吃一些令人快乐的美食

美食能让你产生更多的快乐激素

怀孕初期，早孕反应多少会使得准妈妈的情绪受到影响，你可能不知道，很多食物能够调节人的情绪，吃下它们，人的身体中将会产生更多的快乐激素。

能让人快乐的食物

香蕉：香蕉中含有丰富的令人感到快乐的激素，这些快乐激素可以增强神经功能，能够使人有个好心情。

土豆：土豆是让人的情绪积极向上的食物，土豆的好处还在于它能够迅速转化成能量，所以，平时多吃点土豆做的菜是快乐的秘诀。

葡萄干和其他干果：慢慢地咀嚼这些干果，能更好地吸收其中的大量微量元素和矿物质，从而激活大脑中的快乐激素。

谷类食品：早在中世纪，欧洲人就把金黄饱满的谷物称作“快乐粮食”，因为谷类食品能带给人更多太阳的能量，让人感到快乐。

海鱼和蘑菇：这两类食物是最好的维生素D的供应者，维生素D是促进快乐激素形成的重要营养元素，尤其在冬天更应该多吃些海鱼和蘑菇。

多吃补铁食物

在早孕反应消失、饮食恢复正常后准妈妈就应多吃些含铁丰富的食物，如猪肝，其每100克含铁25毫克，吸收率也高，最好能每周吃2～3次，每次100克～150克。还可经常吃些瘦肉肉松、黑木耳、海带、紫菜、莲子、豆制品、虾米等含铁丰富的食物。而用铁锅炒菜也是增加菜肴中铁含量的好方法。准妈妈还应多吃些新鲜蔬菜、水果，增加维生素C的摄入量，以提高食物中铁的吸收率。血红蛋白的生成不仅需要铁，还需要蛋白质，因此在饮食中补充铁的同时应注意补充蛋白质，只有补充足量的蛋白质才能达到补铁的效果。

第88天 为你读诗：《孩子的世界》

泰戈尔是一个对自然美和生活美都极其敏感的人，他以一个诗人的细腻和敏锐将对生活的感受、对生命的感悟以及对万物的爱，谱写成一篇篇优美的诗歌。

孩子的世界

我愿我能在我孩子的自己的世界的中心，
占一角清净地。
我知道繁星会对他私语，
天空也在他面前垂下，
用那傻傻的云朵和彩虹来逗弄他。
那些让人以为不会说话和看起来永远不能动弹的人，
带着他们的故事和满是明亮玩具的托盘，
悄悄爬到他的窗前。
我愿我能在横过孩子心中的道路上游行，
摆脱了一切的束缚；
在那儿，使者奉了无所谓的使命奔走于没有历史的王国君主间；
在那儿，理智以她的法律造为纸鸢而飞放，
真理也使事实从桎梏中自由了。

第89天 每天抚摩胎儿10分钟

孕4月，有些敏感的准妈妈已经可以感受到胎动了。胎动明显的时候，准妈妈可以感受到子宫在蠕动，胃里也发出“咕噜咕噜”的声音。此时，胎宝宝的神经系统发育迅速，对触觉与力量很敏感。准妈妈和准爸爸一定要抓住这个时机，通过抚摸和胎宝宝进行交流，如可以在胎宝宝踢腿的时候轻轻抚摸腹部，与胎宝宝的活动内外呼应，让胎宝宝感受到准爸爸和准妈妈的关爱。在准妈妈或准爸爸抚摸的时候，胎宝宝会做出反射学上的躯体蠕动，这可以促进他大脑功能协调性的发育。

准妈妈在进行抚摸胎教的时候可以融入触压拍打法对胎宝宝进行良性刺激，具体做法是：准妈妈平趟，放松腹部，先用手在腹部从上至下、从左至右来回抚摸，并用手指轻轻按下再抬起，然后轻轻地做一些按压和拍打的动作，给胎宝宝以触觉的刺激。刚开始时，胎宝宝不会做出反应，准妈妈不要灰心，一定要坚持且有规律地去做。一般需要几个星期的时间，胎宝宝就会有所反应，如身体轻轻蠕动、手脚转动等。开始时每次进行5分钟，等胎宝宝做出反应后，可增加至每次10分钟。

简笔画：荷花

1～5：先画出花瓣，再画出花朵。

6：画出长长的茎。

7～9：画出两片荷叶。

第90天

音乐胎教：《动物狂欢节·天鹅》

圣–桑的交响曲《动物狂欢节》是一部形象生动、充满幽默谐趣的管弦乐组曲，用音乐塑造了一幅幅栩栩如生的动物肖像画：发威的雄狮、灵巧的袋鼠、迟钝的乌龟……这也是一部生动的交响乐入门教材，准妈妈和胎儿一起欣赏吧！

《动物狂欢节》由14首乐曲组成，每一小曲都有标题。《天鹅》是其中的大提琴独奏，传神地展现了天鹅的独特个性和习性。

乐曲通过大提琴独奏，描绘了一只高贵优雅的天鹅悠然游过碧波，时而凝视远方，时而轻啄羽毛，最后渐行渐远的情景。乐曲的优美娴静，天鹅端庄高雅的形象，将会把准妈妈带入一个纯净的境界。

准妈妈在听到一些非常喜欢的乐曲时，可以经常聆听，声波经过反复不断地强化，可以促进胎儿大脑的发育。在宝宝出生后，会对这样的乐曲记忆特别深刻，在他哭闹不安时，给他听听熟悉的乐曲，可以安抚他的情绪。

作者简介

夏尔·卡米尔·圣–桑是一位属于浪漫时期的法国钢琴及管风琴演奏家。他不仅是一位音乐神童，而且多才多艺，早年曾涉地质学、植物学及昆虫学，他还是一位数学专家。圣–桑16岁时完成了他的第一交响乐，他的第二交响乐则以降E大调第一交响乐之名面世。《动物狂欢节》是圣–桑的后期代表作，他于1886年完成《动物狂欢节》和《第三交响乐》，并以此献给当年逝世的好友李斯特。

第91天

准爸爸胎教：和准妈妈玩拍手游戏

“拍手歌”是一首传统儿童歌曲，各地版本略有不同。准爸爸和准妈妈可以一起玩儿拍手游戏，歌词也可以即兴创作，在欢乐的氛围中，准妈妈的情绪会得到放松，对胎儿的大脑和神经发育也是一种良好的刺激。

拍手歌

你拍一，我拍一，一个小孩儿坐飞机。

你拍二，我拍二，两个小孩儿梳小辫。

你拍三，我拍三，三个小孩儿吃饼干。

你拍四，我拍四，四个小孩儿写大字。

你拍五，我拍五，五个小孩儿吃红薯。

你拍六，我拍六，六个小孩儿吃肥肉。

你拍七，我拍七，七个小孩儿抱公鸡。

你拍八，我拍八，八个小孩儿吹喇叭。

你拍九，我拍九，九个小孩儿交朋友。

你拍十，我拍十，十个小孩儿站得直。

第14周 开始皱眉做鬼脸

这一周，胎儿就像一个精致的小人儿，尽管他现在还非常微小，但他身体的所有基本“要件”都已经形成了。

由于大脑神经系统对外来刺激的作用越来越发达，胎儿的动作会越来越精细，面部肌肉也开始得到锻炼，此时的胎儿居然会斜眼、皱眉、做鬼脸了。

独一无二的标志——指纹开始出现

胎儿的胳膊已经比较灵活了，但是腿还要再发育一段时间才能够比例协调，支撑头部的脖颈现在更加清晰、明显了，头重脚轻的状况就快要得到改善。令人惊喜的是，胎儿手指上有指纹出现了，这将是他以后独一无二的标志。

胎儿整体发育情况

这一周，胎儿全身长出非常细小的绒毛，几乎覆盖全身皮肤，这就是胎毛。此时，胎儿的肾已经能够熟练地发挥作用，同时胎儿还在子宫里练习着呼吸运动，羊水被吸进肺里又被呼出，这对肺部的发育有着至关重要的作用。发育完善的胎盘将准妈妈和胎儿连接得更加紧密，并为胎儿提供各种营养物质。

准妈妈开始显怀

到了这个时候，孕早期的疲劳、恶心以及尿频问题都已经缓解。现在准妈妈的子宫增大，腹部渐渐隆起。此外，一些准妈妈的乳头可以挤出少量乳汁，阴道黏膜增厚，分泌物增多，可能还会出现便秘或腹泻问题。

美学在胎教中的意义

美学是胎教中的一个重要组成部分，只要是你认为美好的事物，都可以作为胎教内容。准妈妈将感受到的美通过神经传导输送给胎儿，可以让他与妈妈分享一切。形体美学主要是指准妈妈的气质，准妈妈穿着合体的孕妇装，洁净的头发和妆容，会显得整个人精神焕发。要知道，怀孕不仅不会使你变丑，还会让一个成熟美丽的女人平添更多韵味。另外，准妈妈多到大自然中饱览美丽景色，多接触美好的事物，比如优美的音乐，赏心悦目的画作，优美的诗歌等，对美学修养的提高都有着潜移默化的作用。

第92天 对话胎儿：宝宝，我是你爸爸

这个月，胎儿已经具有辨别各种声音并能做出相应反应的能力，准爸爸准妈妈应该抓住这一时机经常对胎儿进行呼唤训练，坚持下去，宝宝出生后很快就会辨别出你们的声音。这对年轻父母来说是一种激动人心的体验，对宝宝来说也是莫大的安慰和快乐，可以帮他消除由于环境的突然改变而带来的心理上的紧张与不安。

经常呼唤胎儿

曾有一位准爸爸从胎儿7个月开始，就经常一边抚摸胎儿一边说："小宝贝，我是你的爸爸！"以后每当这句话一出现，胎儿就会兴奋地蠕动起来。在这个宝宝出生后，每当因环境的突然改变而哭闹不止时，他的爸爸马上说："小宝贝，我是你的爸爸！"话刚出口，婴儿就像着了魔法一样突然止住了哭声，并掉转头来寻找发出声音的方向，后来竟高兴地笑了。以后每当宝宝哭闹时，这句话总能使他从哭闹转为安静。

可见准爸妈通过声音和动作与腹中的胎儿进行呼唤训练，是一种积极有益的胎教方法。在对话过程中，胎儿能够通过听觉和触觉感受到来自父母的呼唤，增进彼此生理上的沟通和感情上的联系，这对胎儿的身心发育很有好处。

做准妈妈的"心理咨询顾问"

对于妊娠期间准妈妈的不良精神状态，准爸爸的适当引导是必不可少的。由于生理和心理的变化，准妈妈在妊娠期间的脾气和性格会发生一定程度的变化，常会出现烦躁、易怒、紧张、抑郁等情绪波动。面对准妈妈的不良情绪，准爸爸要做好开导工作，在准妈妈发脾气、愤怒的时候，准爸爸应以最宽大的胸襟面对准妈妈，不仅不可随性地与准妈妈吵架，反而应该换个角度来调节准妈妈的情绪，还要提醒准妈妈，发脾气会影响胎儿的健康。准爸爸还可以开动脑筋制造一些小惊喜，帮助准妈妈丰富孕期生活，缓解不良情绪。

第93天 开心谜语猜一猜（1）

今天再来猜些好玩的动物谜语，如果你觉得谜语过于简单，当成儿歌来读也不错。

1. 地里走，沟里串，背着针，忘了线。

2. 骨头骨脑骨眼睛，骨脚骨手骨背心。

3. 胡子不多两边翘，开口总说“妙妙妙”，黑夜巡逻眼似灯，日里白天睡大觉。

4. 南阳诸葛亮，稳坐中军帐，摆起八卦阵，单捉飞来将。

5. 小姑娘，穿花袍，棉花田里逞英豪，保护庄稼不用药，专治蚜虫本领高。

6. 头上两根毛，身穿花旗袍，成天不劳动，只知乐逍遥。

7. 站着没有坐着高，一年四季穿皮袄。

8. 坐也坐，卧也坐，立也坐，走也坐。

9. 腿长胳膊短，眉毛盖住眼，有人不吱声，无人大声喊。

10. 嘴尖尖，尾巴长，我到南园去偷粮，家里抛下儿和女，不知回乡不回乡。

（答案：1.刺猬 2.螃蟹 3.猫 4.蜘蛛 5.花大姐 6.蝴蝶 7.狗 8.青蛙 9.蝈蝈 10.老鼠）

第94天

预防妊娠纹，越“孕”越美丽

准妈妈在妊娠期腹部不断膨隆，使皮肤的弹力纤维与胶原纤维因外力牵拉而受到不同程度的损伤或断裂，皮肤变薄变细，腹壁皮肤会出现一些宽窄不同、长短不一的粉红色或紫红色的波浪状花纹。分娩后，就会留下妊娠纹。只要在孕期积极预防，还是有机会阻止妊娠纹产生的。

控制体重，不要大吃大喝

从怀孕前期开始就适度地控制体重，防止短时间内肚皮长得过快也是预防妊娠纹的重要方面。整个孕期把体重控制在合理的范围，可以让肚皮循序渐进地适应胎儿的长大就不容易长妊娠纹，还会避免孕期长得过胖而导致产后很难恢复身材。一般情况下，要控制整个孕期体重增长在10千克～12千克。所以前几个月比较合理的是每个月增长1千克甚至更少。

给全身补水

孕期要多喝水，多吃水果。每天上午11点、下午3点、晚上8点定点吃水果，应以时令水果为主，且水果的含糖量不宜太高。在干燥的天气，梨是补充水分的好手，并能润肺去燥。含糖量很低的火龙果也是孕期首选。

使用除纹乳霜或润肤霜

怀孕期间准妈妈可以使用一些含有胶原蛋白、维生素E、维生素C的护肤品或针对妊娠纹的乳霜，配合轻轻按摩使之完全吸收。也可以使用橄榄油、荷荷巴油等涂抹到肚皮上。荷荷巴油是亲肤性最好的植物油，由于分子结构和人体的皮脂腺比较相似，因此也很利于吸收。由于植物油含有大量的不饱和脂肪酸以及维生素E等营养元素，因此可以很大程度上增加肌肤的弹性，避免妊娠纹的产生。每次洗完澡，倒一些在手心里，然后抹到肚皮上，再轻轻按摩。按摩时，可以从下往上，也可以从左往右，顺着一个方向进行，注意不能画圆圈。

第95天

营养胎教：准妈妈这样吃宝宝更漂亮

准妈妈在怀孕期间有意识地进食某些食物，会对腹中胎儿的生长发育起到意想不到的微妙作用。巧妙科学地调配饮食，有助于扬长避短，塑造一个称心如意的漂亮宝贝。

头发乌黑发亮

如果准爸妈头发早白或者略见枯黄、脱落，那么，准妈妈可多吃些富含B族维生素的食物，如瘦肉、鱼、牛奶、面包、豆类、鸡蛋、紫菜、核桃、芝麻、玉米以及绿色蔬菜，这些食物有助于宝宝的发质浓密、乌黑，而且光泽油亮。

眼睛明亮有神

为了使宝宝拥有良好的视力和明亮的双眸，准妈妈可以多吃些富含维生素A的食物，如动物肝脏、蛋黄、牛奶、胡萝卜、苹果等。

肤色细白红润

有的准爸妈肤色偏黑，准妈妈就可以多吃一些富含维生素C的食物。食物中维生素C含量丰富的有很多，其中尤以苹果为佳。常吃苹果能增加血红蛋白，不仅能使宝宝皮肤变得细白红润，更对贫血女性有极好的补益功效，是准妈妈的首选水果。

长高个儿

如果准爸妈个子不高，准妈妈应多吃些富含维生素D的食物，如虾皮、蛋黄、动物肝脏和各类蔬菜，多晒太阳，以促进钙质的吸收。

第96天 睡前故事：《嫦娥奔月》

相传远古时候，有一年，天上出现了10个太阳，直烤得大地冒烟，海水枯竭，老百姓眼看无法再生活下去。这件事惊动了一个名叫后羿的英雄，他登上昆仑山顶，运足神力，拉开神弓，一气射下9个太阳。后羿因此受到百姓的尊敬和爱戴，不少志士慕名前来拜师学艺，奸诈刁钻、心术不正的逄蒙也混了进来。

不久，后羿娶了个美丽善良的妻子，名叫嫦娥。后羿除传艺狩猎外，终日和妻子在一起，人们都羡慕这对郎才女貌的恩爱夫妻。

一天，后羿到昆仑山访友求道，巧遇由此经过的王母娘娘，便向王母娘娘求得一包仙药。据说，服下此药，能即刻升天成仙。然而，后羿舍不得撇下妻子嫦娥，就把仙药交给嫦娥珍藏。当嫦娥将仙药藏进梳妆台上的百宝匣时，不料被蓬蒙看到了。3天后，后羿率众人外出狩猎，心怀鬼胎的逄蒙便假装生病，留了下来。待后羿率众人走后，逄蒙便手持宝剑闯入后羿房中，威胁嫦娥交出仙药。嫦娥知道自己不是逄蒙的对手，在这危急之时她当机立断，转身打开百宝匣，拿出仙药一口吞了下去。嫦娥吞下药后，身子立时飘离地面，纵身冲出窗口，向天上飞去。由于嫦娥牵挂着丈夫后羿，便飞落到离人间最近的月亮上成了仙。

傍晚，后羿回到家，侍女们哭诉了白天发生的事。后羿既惊又怒，抽剑去杀恶徒逄蒙，但逄蒙早已逃走，气得后羿捶胸顿足。悲痛欲绝的后羿，仰望着夜空呼唤爱妻的名字。这时他惊奇地发现，天上的月亮格外皎洁明亮，而且有个晃动的身影酷似嫦娥。

后羿急忙派人在嫦娥喜爱的后花园里摆上香案，放上她平时最爱吃的蜜食鲜果，遥祭在月宫里眷恋着自己的嫦娥。百姓们闻知嫦娥奔月成仙的消息后，纷纷在月下摆设香案，向善良的嫦娥祈求吉祥平安。从此，中秋节拜月的风俗在民间广为流传。

第97天

为胎儿塑造一个宁静的温床

也许，很多准妈妈不知道，胎儿在腹中也会睡觉，也会做梦。准妈妈温暖的子宫是胎儿舒适的温床，准妈妈有必要给胎儿塑造一个宁静的环境。其实，胎儿的睡眠情形和新生儿差不多，他的大脑也在发育中。所以，准妈妈要注意让腹中的胎儿拥有安静舒适的睡眠。

❊强健子宫，打造胎儿的舒适温床

准妈妈要注意休息，避免经常下蹲劳动或干重活使腹压增加。准妈妈也要注意避免饮食刺激温床，减少高脂肪食物的摄入，高脂肪食物会促使某些激素的生成和释放，而子宫肌瘤的形成与大量雌激素刺激有关，因此要坚持低脂肪饮食。同时要多喝水，并保持膳食结构合理。

❊要保证睡眠充足

准妈妈在怀孕期间保持良好的睡眠，也有利于给胎儿创造一个良好的成长环境。如果准妈妈晚上在床上翻来覆去睡不着，腹中的胎儿也不能安稳地进入梦乡。

专家建议，准妈妈每天除了保证8小时的夜间充足睡眠外，还应该在白天有至少1小时的休息时间。准妈妈要重视自己的睡眠质量，以保证胎儿的睡眠。

❊不要打扰胎儿的安眠

胎儿在准妈妈的腹内，会因为各种原因导致情绪紧张，准妈妈应该懂得注意胎儿的情绪安定，使他得到良好的睡眠。准妈妈应注意，尤其要避免让胎儿听到噪声，避免去噪声多的公共场所；在家中看电视、听广播时，尽量把音量调小一点。

❊让催眠曲伴着胎儿进入梦乡

准妈妈休息时，可以播放一些轻柔舒缓的催眠曲，准妈妈的身心得以放松，胎儿也会更容易地进入梦乡。

第98天

准爸爸胎教：唱儿歌（3）

太阳公公起得早

太阳公公起得早，
他怕宝宝睡懒觉，
爬上窗口瞧一瞧，
咦？宝宝不见了。
宝宝正在院子里，
一二一二做早操。

小蚂蚁真有趣

小蚂蚁，真有趣，
头上长对小胡须。
小蚂蚁，有情谊，
见面点头很有礼。
小蚂蚁，真有趣，
见面碰碰小胡须。
你碰我，我碰你，
报告一个好消息。
排队走，一二一，
大家去抬一粒米。

雪娃娃

门口有个雪娃娃，
张着嘴巴不说话。
我拿苹果去喂它，
叫它不要想妈妈。

第15周
胎儿会打嗝了

这一周，胎儿的眼睑虽仍然闭合，但已经可以感觉到光，实验表明，现在的胎宝宝已经会本能地躲避光源了。

体重和身高变化加快

胎儿这周的发育会非常迅速，远远超过前几周，并且在接下来的几周内，他的身长和体重可能会发生更大变化，将增长1倍甚至更多。这个时候，胎儿腿长超过了胳膊，并且可以活动所有的关节和四肢，手也更加灵活，手指甲完全形成，胎儿在子宫里可以做更多的动作了。这个时候，胎儿经常做的动作也许是将自己的大拇指放到嘴里吸吮，这些动作对他的大脑发育是非常有益的。

胎儿会打嗝了

本周发生的最大的变化就是胎儿开始在子宫中打嗝了，这是胎儿开始呼吸的前兆，遗憾的是准妈妈无法听到这个声音，主要原因是这时候充满胎儿气管的不是空气而是流动的液体。

准妈妈尿频、多汗是正常现象

这个时期由于胎儿代谢物增多，准妈妈肾脏产生负担，尿频现象越来越严重。此外，由于血流量增加，准妈妈会经常感到发热、爱出汗，这时要注意及时补水，保证体内水分充足。

准妈妈的身体变化

准妈妈的子宫长大并长出骨盆，肚脐下会有明显的凸痕，妈妈可以在肚脐下方7.6厘米～10厘米的位置摸到自己的子宫。由于怀孕时准妈妈体内的雌激素水平较高，盆腔及阴道充血，白带增多。有的准妈妈面部及躯体部皮肤色素加深，出现色素沉着斑块，毛发增多，出现痤疮样皮炎，面部失去光泽、水肿。伴随着心肺功能负荷增加，心率增速，呼吸加快加深等有可能会加重原有的焦虑情绪。准妈妈可能仍会感到比怀孕前更脆弱，敏感和易怒。

第99天

闪光卡片：胎儿学汉字（1）

今天是个好天气，散步归来，休息一下，然后开始新的学习内容，跟胎儿一起学习两个汉字吧！

首先要一边读出字的读音，一边用手描摹字的轮廓，将“人”字的形状深深地印入脑海中。

人 大

当然，最好的学习方法是配合联想，让学习的过程更加有趣。

“人”字，看上去像不像正在迈开的双腿，或者像一个尖尖的屋顶呢？我们在“大”字里是不是看到一个“人”？他叉着腿，张开双臂，是不是像一个守门员等着接球？

准妈妈可以用自己的身体给胎儿演示“人”和“大”的形状，在学习的同时也伸展了四肢，可谓一举两得。

第100天 睡前故事：《两棵桃树》

在一个美丽的花园里，长着两棵桃树。花园的主人精心地照料着这两棵桃树。可是，虽然照料得一样，它们却长得不一样，一棵长得高高的，另一棵长得矮矮的。高个子桃树骄傲地对矮个子桃树说：“可怜的小东西，看来你这辈子是别想跟上我了，我可是花园里最了不起的。”矮个子桃树也不明白，为什么一样地吸收阳光、水和养分，自己却长得这么矮。但它没有说话，只是努力地挺了挺腰，又努力地伸伸手臂，继续吸收着阳光雨露。

春天到了，高个子桃树率先开花，它骄傲地斜视着矮个子桃树，晃动着红红的花瓣，说：“可怜的矮家伙，看，我的花都开了，你就那么几个小小的花苞。”矮个子桃树仍然没有说话，只是继续伸展着枝条，坚信自己也会长得很好。美丽的蝴蝶来了，勤劳的蜜蜂来了，它们嗡嗡地飞着，在花瓣中跳舞，高个子桃树大声教训着它们：“烦人的小家伙们，快走开！别弄伤了我的花瓣！”而矮个子桃树呢，开出更多的花，热情地招呼着这些小客人。

慢慢地 ，矮个子桃树身上结出很多很多绿色的小桃子，到了夏天，成熟的桃子挂满了枝杈，每一个都又大又红又甜。花园的主人很开心，他招呼邻居们一起分享他的果实。大家都说，咦？奇怪，为什么这棵高高的桃树没有结果子呢？

第101天 音乐胎教：《爱之梦》

弗朗茨·李斯特（1811～1886），著名的匈牙利作曲家、钢琴家、指挥家，伟大的浪漫主义大师，是浪漫主义前期最杰出的代表人物之一。他生于匈牙利雷定，6岁起学钢琴，先后师从多位钢琴名家。16岁定居巴黎。李斯特将钢琴的技巧发展到了无与伦比的程度，极大地丰富了钢琴的表现力，在钢琴上创造了管弦乐的效果。他还首创了背谱演奏法，具有超群的即兴演奏才能。因此获得了“钢琴之王”的美誉。

1850年，“钢琴之王”李斯特将自己的三首歌曲改编成三首抒情钢琴曲，题作《爱之梦》，其中以第三首最为著名。一般提起李斯特的《爱之梦》，指的就是这首乐曲。第三首根据《爱吧》改编的《爱之梦》，歌词选自德国诗人费莱里格拉特的诗集《一瞬间》中的著名抒情诗《尽情的爱》。

李斯特根据这首诗创作乐曲，他没有局限于歌词提供的内容。因为原诗的情调低沉，表现生离死别的伤感情怀，而李斯特的钢琴曲却焕发着充沛的热情。以后，钢琴曲《爱之梦》又被改编为管弦乐曲以及小提琴或长笛的独奏曲目。

第102~103天

为你读诗：《一双手》

小朋友！小朋友！
您有一对好宝贝，
身上摸摸有没有？找不着吗？
您有，您有，不会没有！
我告诉您吧！就是您的一双手！

会用这双手，什么也不愁，穿也不愁，吃也不愁，玩也不愁。
小朋友啊小朋友：千万别忘记，求友不如求手。

玩秋千，翻筋斗，
送糖果儿进嘴，
和弟弟比球，
数一数您的快乐，
哪一样不是靠着这双手？如果您也想去打倒帝国主义，
还须拿出您的小拳头。

别学那没有出息的人，好事怕用手。

个子那么大，拿不动扫帚！
整天逛趟子，一双手儿拢在袖里走。
他会抽乌烟，也会打牌九，
挨了外国人的嘴巴，忍着气儿不回手。
倒会欺弱者，欺人还要人请酒。
这样一个人，您看丑不丑？他既有手不会用，何妨打他几把手！

天给我手必有用，精神全在“做”字上。
攀上知识最高峰，探取地下万宝藏，铲除人间的不平，
创造个世界象天堂儿模样。
这些事没有完成，决不可把手儿放。

作者简介：陶行知（1891~1946），人民教育家、思想家、伟大的民主主义战士。

第104天 孕期扮美：发型要漂亮，还要好打理

孕期发型建议

孕期由于体型发胖以及行动不便，短发就成了最适合准妈妈的发型，不仅打理起来方便，而且给人感觉也比较清爽。更重要的是，由于坐月子期间需要经常躺卧，长发不好打理。

怀孕期间，发型应以少许遮盖面部 ，不贴在皮肤上为宜。如果舍不得剪掉长发，最好把头发扎起来，给人感觉会干净清爽些，也让稍显臃肿的准妈妈更加利落。

当然，准妈妈要选择怎样的发型，还要看自己的脸型，如果你的头发比较厚，而且脸型比较饱满，建议你留长发，这样会让你的脸看起来修长一点；如果你原本就留着长发，但是发质比较干燥，而且容易分叉或断裂，建议你把头发剪短或是打薄一些，这样头发就会比较好打理一些；如果你留的是直发，自然分泌的发油可以让你的头发看起来更有光泽，因此建议你继续保留此发型。

孕期设计发型要注意

烫、染头发是塑造发型时最常用到的两种手段，但孕前期是胎儿各器官发育最关键的阶段，如果此时烫、染头发，可能造成胎儿畸形。那么，不想冒险烫、染头发的准妈妈该如何在保证胎儿和自己安全的前提下，塑造漂亮的发型呢？类似于卷得易、卷发器的DIY电动烫发器就是准妈妈们的绝佳选择。此类卷发器最大的特点就是不伤发，只需预热一下，然后取下卷在头发上，并用配套的发夹夹住头发，片刻后取下，发型就做成了。

总之，准妈妈是否用心，是孕期是否能继续保持漂亮、整洁形象的关键。在用心去爱护胎儿的同时，准妈妈千万别忘了花点心思和时间在自己身上哦。

第105天

准爸爸胎教：给准妈妈讲笑话

在孩子的世界里一切都是纯净和有趣的，特别是幼儿似懂非懂的阶段，缺乏一定的生活经验，但又对任何事物充满好奇，乐于探究。听着准爸爸讲的关于幼儿的笑话，准妈妈是不是更加期待自己宝宝的降临了？别着急，和宝宝一起慢慢成长吧，总有一天，你的宝宝也会说出让人捧腹的“惊人语录”。

1.6岁的丁丁在书房里蹦来蹦去的，搅得在一旁看书的爸爸皱起了眉头。妈妈过来拉住丁丁说：“乖，到外面玩去，爸爸在这里看书呢！”丁丁侧过头，看看妈妈说：“不嘛，爸爸在这里看书又不影响我玩！”

2.女儿对肚脐很好奇，就问爸爸肚脐是怎么回事，爸爸把脐带连着胎儿与母体的原理简单地讲了一下，说：“婴儿离开母体之后，医生把脐带剪断，并打了一个结，后来就成了肚脐。”女儿说：“那医生为什么不打个蝴蝶结？”

3.爸爸：“皮埃尔，今天不要上学了，昨晚你妈妈给你生了两个小弟弟。你跟老师说一下就行了。”皮埃尔：“爸爸，我今天只说生了一个，另一个，我想留着下星期不想上学时再说。”

4.小毛上幼儿园了，有一天老师问：“谁知道世界上有多少个国家啊？”小毛说：“我知道！”老师说：“那你说说都有哪些国家。”小毛说：“有两个国家，就是中国和外国！”

5.一年级的老师教小朋友认识家禽动物。老师：“有一种动物两只脚，每天早上太阳公公出来时，它都会叫你起床，而且一直叫到你起床为止。这是哪一种动物？”小朋友：“妈妈！”

第16周 令人激动的胎心音

有的准妈妈在这一周就可以感觉到胎动了，如果你现在还没有感觉到，别着急，可能下一周你就能感觉到那激动人心的胎动了。

听听胎心音

胎儿现在可以用胸部做呼吸动作，吸吮拇指的活动也更加有力，虽然准妈妈尚未感觉到，但现在用多普勒胎心仪可以监听到胎心音，心率约为150次/分。

胎儿看起来像个梨

现在胎儿看上去就像个梨。胎儿的头部相比以前明显更加直立，双眼已经移到了面部前方，眼睑依然紧闭，但是眼球已经开始慢慢转动了；眼睫毛和眉毛正在生长；耳朵也到达了最终所在的位置；血管网遍布全身，通过薄而透明的皮肤就可以看到。

生长依然很迅速

这个时期胎儿生长依然很迅速，双臂和两腿的关节已经形成，硬骨开始发育，腿的长度已超过胳膊，指关节也开始活动。此时，已经可以辨别出胎儿的性器官了。

胎盘与准妈妈连接紧密

现在流产的可能性大大减小，因为胎盘与准妈妈身体的连接更加紧密、结实，羊水量也从这个时期开始急速地增加。

准妈妈开始感受胎动

这个时候，比较敏感的准妈妈已经能感觉到胎动了。第一次胎动通常发生在妊娠第16～20周。每个准妈妈感觉到胎动的具体时间通常不一样，胎儿的活动程度也不一样，所以不必因尚未察觉到胎动而担心，只有那些有过生产经历或者敏感的人才能在本周感觉到第一次胎动。

第106天 闪光卡片：胎儿学字母（1）

学习英语要从字母开始，准妈妈放松心情，保持平和的心态，准备好字母卡片，和胎儿一起开始吧！

“A”好像一顶尖帽子，准妈妈一边联想着一顶尖尖的帽子，并从上往下努力勾画其形象，一边反复正确地发音，同时用手指临摹字形，将“A”的形象印在脑海中并传递给胎儿。

“B”看上去就像摆在一起的两个半圆，这个字母胖乎乎的，像个小胖子。准妈妈反复读这个字母，让“B”的字形印入脑海，同时手指按卡片进行描画。

学习字母“C”时，准妈妈可以联系日常生活内容，对胎儿说：“宝宝记得《月亮船》吗？‘C’长得就像弯弯的月亮……”

第107～108天

睡前故事：《鸭妈妈找蛋》

鸭妈妈生的蛋最好看，圆溜溜、亮晶晶的，谁见了都说：“鸭妈妈长得好看，生的蛋也这么漂亮！”鸭妈妈听了别提有多高兴啦。

可是，鸭妈妈有个毛病：老爱忘事，刚生过蛋就忘了蛋在哪儿。所以，她常常找不到自己生的蛋。这不，鸭妈妈又忘了把蛋生在哪儿。于是，它就在墙根下跑来跑去地找蛋，可是墙里墙外怎么也找不着。它便向鹅大婶打听：“鹅大婶，您看见我的蛋了吗？”鹅大婶想了想说：“哦，我没看见你的蛋，你到别处找找看吧！”

鸭妈妈赶紧又跑到小路上，正好碰到了山羊公公，就连忙问：“山羊公公，您看见我生的蛋了吗？”“哦，我没看见，你怎么不去池塘边找找看呢？”

鸭妈妈跑到池塘边，低着头找呀找，天都黑了还是没找着，看见老黄牛回家了，它赶紧跑过去问：“牛伯伯，您看见我的蛋了吗？我都找了半天了，还没找着。”老黄牛摇了摇头说：“你呀，可真粗心，连自己生的蛋也会弄丢。”鸭妈妈低下头，长长地叹了一口气：“哎，有什么办法，我忙呀！刚下水就想着要捉鱼，捉完鱼就得下蛋，下完蛋又要忙其他的事，这么多事情一搅和，就想不清蛋生在哪儿了。”老黄牛说：“这不是理由啊，你瞧我，整天耕地拉车，一天到晚忙个不停，可我也不像你这么粗心啊！”

鸭妈妈一下子坐在地上，拍着脑袋说：“哎呀，一定是我的脑袋出了问题，怎么办啊！”鹅大婶心软了，拍着它的背说：“别急啊！你好好想想，你今天都去过什么地方。”于是鸭妈妈闭上眼睛开始想：池塘边，没有；小路上，不会呀！树林里，根本没去那儿……突然，鸭妈妈睁开了眼睛，它难为情地低下头，小声地说：“今天，今天，我还没生过蛋呢。”

第109天

准妈妈动动手：花蝴蝶

1 捏两个紫色水滴形泥团，再捏两个略小些的粉色水滴形泥团。

2 把4个水滴形泥团压扁，用来做蝴蝶的翅膀。

3 用黄泥捏一个胡萝卜形的长泥条。

4 在泥身上画横纹做蝴蝶的身体。

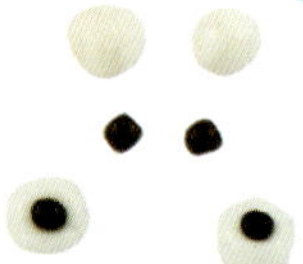

5 用白泥捏两个圆球，再用黑泥捏两个泥粒。把黑泥粒粘在白泥圆球中间，蝴蝶的眼睛就做好啦！

6 把眼睛粘在身体的顶端。

7 给两对翅膀刻画上你喜欢的花纹，或者装饰一些彩泥圆点。

8 按上大下小的顺序把两对翅膀粘起来。

9 把做好的翅膀粘在蝴蝶身体上，一只美丽的花蝴蝶就完成了！

第110天 音乐胎教：《欢乐颂》

如果说莫扎特的音乐是感觉的艺术，那么贝多芬的音乐就是灵魂的声音。贝多芬一生中最伟大的作品《第九交响曲》是他失聪后所作。失聪者能作曲，已是奇事，更何况做出的又是如此杰出的作品！

《欢乐颂》是1785年由德国诗人席勒所写的诗歌。

《欢乐颂》乐曲是贝多芬《第九交响曲》的终曲乐章，是他全部音乐创作生涯的最高峰和总结之作。这是一首庞大的变奏曲，充满了庄严的宗教色彩，气势恢宏，是人声演唱与交响乐队合作的典范之作，成为现今欧洲联盟的盟歌。

准妈妈可以这样听

熟悉的音乐响起，这正是贝多芬《第九交响曲》的终曲乐章《欢乐颂》。贝多芬旨在这个乐章中让人们感受到前三个乐章都无法达到的他坚信的快乐，而乐曲也正是用席勒的诗《欢乐颂》作为歌词来表达："啊，朋友们，不要用这样的声音，还是让我们把更愉快的歌声汇成欢乐的合唱吧。"

准妈妈也可以跟着音乐轻轻吟唱。因为准妈妈声音的节奏、声调、音高及旋律产生的声波通过骨骼、血液可以直接传导到子宫，而歌声中那饱含的母爱亲情，可以让胎儿产生安全感，利于胎儿期母子依恋关系的建立，对胎儿情感的激发和健康成长具有促进作用。

第111天

准妈妈动动脑：九宫迷数

准妈妈在怀孕过程中保持旺盛的求知欲，对于开发胎宝宝的智力大有益处。今天就来玩一个很有意思的数字游戏吧。

九宫迷数——一项迷人的智力数字游戏

之所以叫九宫迷数，是因为这项数字游戏是由一个包含九个小九宫的大九宫图和1～9这九个数字组成的，“迷数”在其中扮演着主角，下面就是一个九宫图。

这个大九宫图的多数数字迷失了这就是“迷数”，图上标明的数字叫明数，按照明数的提示把迷数找出来，寻找的依据是：

1．大九宫图上的每行都是由不重复的1～9这九个数字组成的；

2．大九宫图上的每列也都是由不重复的1～9这九个数字组成的；

3．每个小九宫也是由不重复的1～9这九个数字组成的；

4．每个数字游戏的答案都是唯一的。

1				5				6
		3			4			5
		6	3	9		1	4	
2	8		5				1	7
				8				
6					2			3
	9	1		6	3	2		
3			4			7		
5				7				8

小九宫图（这是左图中的前三行的第四五六列）

	5	
		4
3	9	

答案

1	7	4	2	5	8	9	3	6
9	2	3	6	1	4	8	7	5
8	5	6	3	9	7	1	4	2
2	8	9	5	3	6	4	1	7
4	3	5	7	8	1	6	2	9
6	1	7	9	4	2	5	8	3
7	9	1	8	6	3	2	5	4
3	6	8	4	2	5	7	9	1
5	4	2	1	7	9	3	6	8

第112天

准爸爸胎教：和准妈妈下五子棋

想必每个人的学生时代都在纸上玩过五子棋，那纵横交错的格子和关于胜负的大小“赌注”，想起来是不是很快乐。何不趁着孕期，与准爸爸两个人大战一场？玩五子棋不仅能增强逻辑思维能力，提高图像记忆力，还能提高准妈妈的忍耐力、专注力。

五子棋技巧

该进攻时不要防守。

进攻始于“活二”，要尽可能利用好棋盘上的每一个棋子，多形成“活二”。

在必须防守时，可以选择一个最有利于自己进攻的防守点。

防守不要总是挡，有时采取牵制的手段更好。

所有成功的攻击都要依赖“组合攻击”。

斜线比直线更有威力，因而尽可能发展斜线。

尽量抢占外势。

应注意盘端的影响，有时可以利用盘端来防守。

黑棋在前半盘占有优势，如果仍未取胜，则白棋在后半盘会占有优势。

什么是“活二”： 两颗相同颜色的棋子连在一起，并且棋子的两端没有对方颜色的棋子就是活二。

什么是“组合攻击”： 一子落下，同时产生两条或多条攻击线，并且每条线都能取胜，这样对手便无法同时防守。

第5个月 让胎儿听到你的声音

第17周 玩转脐带

这一周连接胎盘的生命纽带——脐带，长得更粗、更强壮了。脐带是子宫里最有趣的玩具，胎儿很喜欢用手拉它、抓它，有时会抓得特别紧，紧到只有少量的氧气被输送，不过不用担心，胎儿会很快放手，好让自己得到充足的氧气和养分。

胎动变得活跃

胎儿现在非常灵活顽皮，他能够活动关节及骨架，像挥手、踢腿等动作也变得熟练，手脚和身体活动得更加频繁。随着准妈妈子宫的迅速增大，胎儿的活动空间也增大了，所以胎动会非常活跃。

胎儿的骨骼还是软骨，从现在开始会逐渐变硬，可以保护骨骼的卵磷脂覆盖在骨髓上。循环系统和尿道完全进入正常的工作状态，肺也开始工作。皮肤呈暗红色，皮脂腺已发育，并且开始分泌活动。此时，全部器官将发育完善并不断增大。

准妈妈腹部更加突出

本周，你的小腹更加突出，乳房变得更加敏感、柔软，甚至有些疼痛。有时你可能感到腹部一侧有轻微的触痛，这是因为子宫在迅速地增长。有时下腹像有一只小虫似的一下一下地蠕动，或者感觉像小鱼在腹中游动，这正是胎儿在羊水中蠕动、挺身体、频繁活动手脚，碰撞子宫壁而引起的胎动。

准妈妈身体重心发生变化

准妈妈的身体重心随着子宫的不断增大而发生着变化，会感到行动有些不方便，所以要注意衣服的舒适和随意，鞋要尽量选择软底平跟且防滑性好的。

准妈妈应避免长时间站立及注意身体保暖。

乳房开始增大， 有时甚至有乳汁分泌，要注意保持乳头清洁。

若发生小腿抽筋，应尽快按摩腿肚或一手压住膝盖一手将趾头往上用力压。

第113天 闪光卡片：胎儿学图形（1）

当准妈妈进行胎教时，准爸爸也可以参与进来，与准妈妈互动，使胎教在愉快轻松的气氛中进行。胎儿也能感受到来自爸爸妈妈的爱，良好的情绪会进一步促进胎儿大脑和身体的发育。

准爸爸拿出正方形的卡片给准妈妈，并且对胎儿说："宝贝，我是你爸爸，现在妈妈要来给你上课啦。今天妈妈给你准备的是一张图形卡片，我们来看看这是什么形状呢？啊，原来是正方形。"

准妈妈接过卡片，凝神注视并把这个图形映入脑海，将其视觉化后传递给胎儿。

准妈妈用手指沿正方形的四条边勾勒出正方形的形状，并问胎儿："我们找找和这个形状一样的东西都有什么。哦，我看到了，饼干盒、坐垫、茶几、毛巾……它们都是正方形的。"

准爸爸接着说："正方形的四个边是一样长的，宝贝，你看到了吗？"

准爸爸把找到的正方形物品一个个拿过来，一边讲，一边用手指描画这个图形的轮廓，给胎儿更直观的感受。

第114天 营养胎教：补充钙质，促进骨骼发育

第5个月，胎儿身体迅速生长，尤其是牙齿开始钙化，恒牙牙胚开始发育，同时骨骼迅速生长。因此，这个月准妈妈对钙的需求量会很大，在进行营养胎教时需要格外留心。

饮食是最安全有效的补钙方式

补钙首先应从饮食入手，这是一条最为可靠、有效的补钙途径。牛奶是钙最好的食物来源，奶制品、海产品、大豆及豆制品、深绿色的叶菜等也含有较多的钙质。

准妈妈最好每天保证喝250毫升牛奶或酸奶，多吃奶酪、豆制品、海带、虾皮、鱼类等，每天的钙摄入量可以达到800毫克。

多晒太阳

单纯食补是不够的，还应多晒太阳（特别是冬春季节），晒太阳能促进人体内的维生素D合成，帮助钙的吸收和利用，能让胎儿的骨骼和牙齿发育得更结实。如果在晒太阳时适度地做一些运动，效果将会更好。

补充钙剂为辅助

如果腿脚抽筋比较严重，或当微量元素检查显示钙缺乏较多时，可以考虑通过钙剂补充，但需要在医生的指导下进行。

提高钙吸收率的小窍门

1.菠菜、苋菜、韭菜、茭白等含草酸比较高，食用之前用开水焯一下，使草酸溶于水中，以免其与钙结合形成草酸钙，影响钙的吸收。

2.喝骨头汤时不妨放点醋，在酸性环境下，骨头中的钙容易游离出来，有助钙的吸收。

第115天

名画欣赏：感受母子情深

欣赏名画是提高准妈妈审美能力及个人修养的有效方法，也是实施美育胎教的一个主要途径。今天我们为准妈妈准备了法国学院派画家埃米尔·穆尼尔的作品《原谅妈妈》。

画面中，可以看到一对母女相互依偎着，注视着，妈妈似有些许的歉意，希望得到女儿的谅解，女儿却没有责怪妈妈的意思，目光中充满对妈妈的信任和依恋。画作笔法细腻，色彩淡雅、亮丽，可以看出画家的深刻表现力。

埃米尔·穆尼尔（1840~1895），法国学院派古典主义画家。主要从事人物画创作，他笔下的母亲、儿童形象个个温婉可爱，表现了人类崇高的人性与母爱。穆尼尔用色明亮光鲜，人物造型俊美动人，结构关系和明暗处理严谨，有典型的学院派绘画风格。他是19世纪下半叶法国极具影响力的人物画家。

第116天 准妈妈动动脑：小熊做得对吗

怀了二胎的妈妈，一定不要忽略了大宝哦。其实很多胎教内容都是可以和大宝一起来进行的，爸爸妈妈每天抽出一些时间给大宝讲故事、做游戏、画画、唱儿歌，对于腹中的胎儿来说是一种更好的胎教。在这样的亲子时光中，两个宝宝都能感受到来自爸爸妈妈的爱，也能增进两个宝宝之间的亲情。

今天就来给宝宝们讲个动脑筋的小故事吧！

熊妈妈忙着搭建新房子迎接客人大山羊和小花狗。小熊说：“我来制作门吧！”

小熊费了好大劲，做了两扇门：一扇大，一扇小，真漂亮！

熊妈妈看了奇怪地问：“一间房子，为什么要开两扇门呢？”

小熊用手比画着说：“小花狗个子小，走小门；大山羊个子大，不给它开个大门怎么行呢！”熊妈妈笑了笑说：“你真是个傻孩子！”

第二天，客人来了，大家准备去郊游。熊妈妈让小熊去给客人买两顶草帽回来。

小熊走进商店，看到货架上挂满了大大小小的草帽。该买大的，还是该买小的呢？小熊站在柜台旁左思右想，拿不定主意。忽然，它想起昨天做门的事，心里有主意了。

它买了两顶大草帽，高高兴兴地跑回家。

妈妈一见，惊讶地说：“呦！你怎么买了两顶大草帽呀？”小熊说：“大山羊和小花狗都能戴大草帽呀！”

问一问大宝：小熊做得对吗？

第117~118天 音乐胎教：《小星星变奏曲》

胎儿约在5个月大时，就已有听觉反应，胎儿的内耳、中耳、外耳等听觉系统在怀孕6个月时逐渐成形。胎儿在母亲的子宫里，对外界的声音刺激会有所反应，包括感受到母亲的心跳速度、血液流动的节奏、胃肠蠕动的韵律。如当母亲沉浸在美妙的音乐中时，胎儿不仅感受到如音乐节奏的子宫、血管脉动，而且在环绕着羊水的温暖子宫里，也会随着母亲的心跳、呼吸，如海洋般宁静摇晃。

莫扎特的《小星星变奏曲》缘自一首法国童谣《哦！妈妈，让我告诉您吧！》，这是一首描写情窦初开的少女向母亲表白的歌曲，莫扎特把它改编成钢琴曲《小星星变奏曲》，其中乐曲做了12次变化，生动地表现了小星星活泼可爱、变幻多姿的模样。在这种欢快的节奏中，胎儿的心情肯定是无比愉快的，而准妈妈此时也会完全陶醉其中。

第119天 准爸爸胎教：做个爱心满满的好爸爸

宝宝，今天爸爸妈妈到商场给你买了小衣服。现在的婴儿服装做得太精美了，每一件妈妈都爱不释手！妈妈给你买了和尚袍、连体衣、爬爬服、小袜子、小帽子、小毛巾、浴巾、浴袍等，林林总总一大包！妈妈恨不得把店里的衣服都买来给宝宝啊！爸爸拎都拎不动了！你看，这是连体衣，适合你刚出生的时候穿，不用扣子，中间是两条漂亮的丝带，这样穿脱起来都很方便，一件粉蓝色的，一件黑白奶牛图案的，宝宝穿上一定很可爱。

还有，这是一件小裙子，虽然妈妈不知道你是男孩还是女孩，可是妈妈太喜欢这条裙子了，就买下了。你说，妈妈是不是太贪心了？

准爸爸的鼓励很重要

怀孕以后，准妈妈的心理、生理都有所变化，遇到准妈妈不高兴、闹情绪时，准爸爸该怎么做呢？聪明的准爸爸可以马上转移话题，谈论她平时最喜欢的事情。比如商场打折啦，流行风尚啦，特色餐厅啦，旅游计划啦，来引导准妈妈的情绪。

鼓励准妈妈把自己的烦恼写出来或者和闺蜜、心理医生交流。

鼓励准妈妈参加聚会或者社会活动，在朋友圈中交流信息，开阔视野，增加自信。

改变家中的布置，全新的感觉会使准妈妈有个好心情。

给胎宝宝说个绕口令

捉兔

一个小孩他姓顾，
上街打醋又买布。
买了布，打了醋，
回头看见鹰抓兔。
放下布，搁下醋，
上前去追鹰和兔。

第18周 越来越不安分的胎儿

此时的胎儿能够听到准妈妈的心跳，因此，准妈妈的情绪是否稳定直接影响着胎儿的发育，准妈妈一定要保持乐观的情绪，才能传递给胎儿所需要的“正能量”。

胎儿越来越爱动

这一周，胎儿的躯干、肢体都发育得比较完善，看上去越来越具有人形，下肢比上肢长，下肢各部分也成比例。这个时候的胎儿活动越来越频繁，忙着伸胳膊和蹬腿，经常戳、踢、扭动和翻转，准妈妈会越来越多地感觉到胎动。

胎儿的骨骼系统继续长出更多新骨，骨内已含钙质，在X射线下能够显影。股骨长度和头径都已经能够测量。

胎儿性别发育完全

18周的时候，如果是女孩，她的阴道、子宫、输卵管都已经各就各位；如果是男孩，他的生殖器已经清晰可见。

准妈妈孕态更加明显

到了这周，准妈妈的外形体征更为明显，腹部隆起，子宫继续增大，子宫底在肚脐下面两横指的位置上。由于体形的变化及身体负荷的增加，准妈妈变得容易疲倦，偶尔还会出现身体失去平衡的情况。准妈妈的体温一般高于正常人（正常人的腋下体温是36.5℃左右），而本周准妈妈腋下温度可能达到36.8℃，这主要与孕激素高有关。同时，大部分准妈妈还会受到痔疮的困扰。

特别提醒

每天数胎动：从现在开始，数胎动应该成为准妈妈每天必做的功课。时间最好固定在每天晚间8～9点，胎动一般平均每小时3～5次。坚持每天数胎动是监测宝宝是否一切正常的最简单有效的途径。

第120天

准妈妈动动脑：袋鼠妈妈的大袋子

宝宝你知道吗？袋鼠是将自己的宝宝放在育儿袋里养育的。袋鼠妈妈的育儿袋，是长在身上的一个大袋子，小袋鼠一出生就爬进这个大袋子里，吃奶、睡觉也都在里面，一直长到6～7个月大才开始短暂地离开育儿袋，学习独立生活。一有危险，小袋鼠就马上跳进妈妈的大袋子里面，由妈妈带着逃离危险。当危险过后，小袋鼠就又把小脑袋探出妈妈的大袋子。

在讲这则知识前，可以准备好袋鼠的卡片或者给准妈妈观看相关的影像资料，准妈妈一边听准爸爸的讲述，一边将袋鼠的形象浮现在脑海里。准爸爸还可以模仿袋鼠跳跃的样子，或者用围裙和毛绒玩具比拟袋鼠妈妈和袋鼠宝宝的样子。还可以念一念这首儿歌：

袋鼠妈妈有个袋袋，
袋袋里面住着乖乖。
乖乖和妈妈，
相亲又相爱。

第121天 音乐胎教：《梦幻曲》

《梦幻曲》是舒曼所作的钢琴套曲《童年情景》中的第7首，作于1838年。由于它有着优美的旋律和诗一般的意境，常被一些音乐家在音乐会上单独演奏。

舒曼前期（指1840年以前）的作品多与个人经历有关，带有某种自传和日记的性质。正因为如此，他特别热衷于一系列独立小曲联结成的套曲形式。

《童年情景》这部套曲虽然不是直接取材于作者个人的经历，但却通过对他妻子——钢琴家克拉拉童年情景的描绘，形象而准确地表现了儿童的心理和他们的某些生活画面，唤起包括作者在内的成人对童年美好生活的回忆。

此曲整个旋律起伏匀称、婉转流连，渗透着宁静的冥想色彩。由于中段采用了调性不确定的处理手法，正体现了在梦境中轻柔缥缈、朦胧变幻的感觉。

第122天

名画欣赏：如何挑选适合胎教的画作

进行胎教时，不要选择难以理解的抽象画，最好选择便于欣赏的风景画，或者色泽温和明快、内容健康向上的绘画作品。不规则、模糊的线条给人以不安感，应该尽量避开。印象主义画派的作品基本上满足了胎教绘画的要求。莫奈、马奈、雷诺阿、塞尚、德加等印象主义画家的作品具有色彩明亮、光线充足的共同特征。这些绘画作品不仅能使胎儿拥有丰富的情感，还能有效地刺激胎儿的视觉。

令人心绪平和、宁静的作品：如拉斐尔的《西斯廷圣母》，毕加索的《母爱》和《梦》，雷诺阿的《少女画像》，以及运用艳丽的色彩和丰富的想象力描述故乡、家庭和爱的夏加尔的作品。

珍爱家庭的作品：如表达对妻子深情的伦勃朗的《犹太新娘》、牟利罗的《圣家族》。

颂扬母爱的作品：如莫莉索的《摇篮》，描述维纳斯诞生瞬间的神秘与美丽的波提切利的作品《维纳斯的诞生》等。

《西斯廷圣母》

第123~124天 运动胎教：做一做简单的瑜伽

准妈妈练习瑜伽可以增强体力和肌肉张力，改善身体的平衡感，提高肌肉组织的柔韧度和灵活度。同时刺激控制激素分泌的腺体，加速血液循环，还能够很好地控制呼吸。练习瑜伽还可以起到按摩内部器官的作用。此外，针对腹部练习的瑜伽可以帮助准妈妈产后重塑身材。

在整个妊娠过程中，准妈妈可以练习不同的瑜伽姿势，但必须以所处孕期和舒适度为准。瑜伽的练习因人而异，应与个人的身体状况协调，练习时如有不适感，可以改用更适合自己的练习姿势。

猫伸展式

能缓解背部疼痛和疲劳感，按摩腹部器官，增进消化作用，缓解便秘烦恼，还能消除腹部多余脂肪，帮助子宫回归正常位置，适合在孕期和产后练习。

①跪式，双腿并拢，脚底朝上，俯身向前，双手撑地，伸直脊柱。

②吸气，头向上抬起，慢慢地将盆骨向上翘，腰向下微曲，肩胛骨向背部挤压，形成一条弧线。

③呼气，慢慢把背部上拱，带动头下垂，视线望向大腿位置，直至感到脊柱有伸展的感觉。

①

②

③

鱼式

能美化胸部线条，强健支撑乳房的韧带和肌肉；胸腔的极大舒展能有效消除怀孕带来的压力和烦躁，改善心情并稳定情绪。

① 仰卧，双腿并拢伸直。双臂伸直，掌心贴地，轻压在臀部下面，保持头颈放松，正常呼吸。

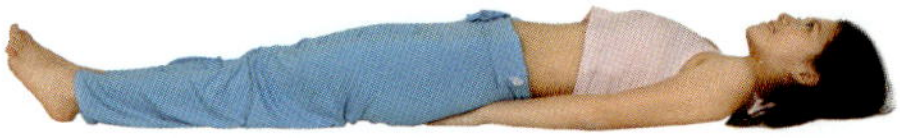

② 手肘弯曲，向地面施力并让上半身离地。全身重心放在手肘上，臀部及脚不离地，腿保持伸直，膝盖不要拱起。

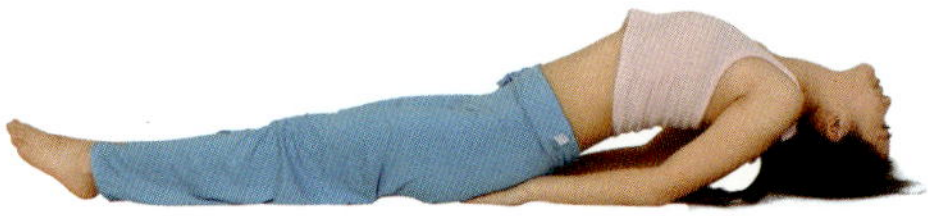

③ 吸气，头向后仰，用头顶着地，尽量扩胸，身体重心放在手肘上。尽量深呼吸，让胸腔及腹腔得以扩展。结束时，先将头轻轻抬起，背慢慢放到地面上并回到完全休息式开始放松，再抖肩解除紧绷感。

蹲式

能加强腰背、双踝、双膝、两大腿内侧和子宫肌肉张力，延缓衰老，增强性功能。这个姿势可在整个孕期练习，对妊娠大有裨益。

①挺身直立，双脚分开，双手腹前交叉，双臂自然下垂。

② 弯曲双膝，一边呼气一边慢慢下蹲，直到大腿与地面平行。

第125天 与胎儿一起和大自然亲密接触

阳光和空气，来自大自然的恩赐

大自然中新鲜的空气有利于胎儿的大脑发育。动物实验研究证实了氧气对大脑发育的重要性，这一点对人类来说也是一样的。大自然为胎儿提供了充足的氧气。大自然中对人身心健康极其有益的负离子含量很高，是准妈妈和胎儿不可缺少的“空气维生素”。

大自然中的阳光可以促进准妈妈血液循环，杀灭麻疹、流脑等传染性疾病的细菌和病毒，还能促使母体内钙的吸收，促进胎儿骨骼的生长发育。大自然的风景无限美好，能使我们开阔视野，增长知识，陶冶情操，同时得到娱乐和放松，非常有益于母子身心健康。

到大自然中去

准妈妈可以在早上起床之后，到有树林或草地的地方做操或散步，呼吸那里的清新空气。在职的准妈妈除了早晨外，在中午休息的时候也可以到树林、草坪或喷水池边走走。

“一日之计在于晨”，对于准妈妈来说更是如此。准妈妈应该克服自己的懒惰情绪，不要赖床，趁着清晨的大好时光去欣赏大自然的美景，也会使腹中的胎儿受到熏陶。假日里准妈妈还可以与准爸爸一起去郊外游玩，在欣赏秀丽的大自然田园景色的同时，大自然丰富的氧气会让胎儿在准妈妈的腹中手舞足蹈。

第126天 准爸爸胎教：唱儿歌（4）

小蝌蚪

小蝌蚪，直摇头，要找妈妈真发愁！
两条腿，大脑袋，多个尾巴我是谁？
别着急，别流泪，尾巴慢慢变没了！
长出细细四条腿，大大眼睛绿衣服。
原来我是小青蛙！呱呱呱！呱呱呱！
找到妈妈笑哈哈。

小兔子乖乖

小兔子乖乖，把门开开，
快点儿开开，我要进来。
不开不开我不开，
妈妈不回来，谁来也不开。
小兔子乖乖，把门开开，
快点儿开开，我要进来。
就开就开我就开，
妈妈回来了，我就把门开。

小燕子

小燕子，穿花衣，
年年春天来这里，
我问燕子你为啥来，
燕子说，这里的春天最美丽。

摇摇船

摇，摇，摇，摇到外婆桥。
外婆对我笑，叫我好宝宝。
糖一包，果一包，吃完饼儿还有糕。
摇，摇，摇，摇到外婆桥。
外婆叫我好宝宝。
请吃糖，请吃糕，糖啊糕啊莫吃饱。
少吃滋味多，多吃滋味少。

第19周 听听周围的声音

现在是胎儿感官发育的关键时期，感官正按照区域迅速发展，大脑开始划分出嗅觉、味觉、听觉、视觉和触觉的专门区域，此时神经元的增加量减少，神经元之间的连通开始增加。

胎儿正在接收周围的声音

这一周，胎儿的世界又会迎来一个新的阶段，现在，他可以听到周围的声音了。胎儿最先听到的声音是准妈妈血液流过血管的声音、胃部消化的杂音、心脏跳动的声音以及声带发出的声音。

研究显示，胎儿听到声音后会学习分辨准妈妈与其他人的声音，并且很快会显示出对准妈妈声音的偏爱。当听到准妈妈说话时，胎儿的心跳会减慢，说明他感到安全，放松下来了。

小南瓜一样的胎儿

胎儿的胳膊和腿已经与身体的其他部分成比例了，肾脏继续产生尿液，头发也在迅速生长。胎儿的腺体开始分泌出一种黏稠的白色油脂状物质，这就是胎脂，具有防水作用。在未来的日子里，胎脂可防止胎儿的皮肤因长期浸在羊水中而被腐蚀。

准妈妈要为母乳喂养做准备

这一周，子宫已经到达肚脐下一横指的位置，皮下脂肪增厚，腹部凸出更明显。随着乳腺的发达，乳房增大，怀孕前所穿的内衣现在已经不太适合了。乳头受到过度压迫会阻碍乳腺的发育，因此这时应该穿戴稍大型号的文胸。此时，身体也开始为母乳喂养做准备了：乳头会分泌出乳汁，皮肤的色素增加，使乳头颜色变深并伴有刺痛感，乳房皮肤表面的静脉血管非常明显。

第127天

闪光卡片：胎儿学数字（1）

从现在开始，我们就要和胎儿一起进行数字的学习了。

相信你已经做好了闪光卡片，请你拿出“1”的卡片，集中注意力凝视“1”的形状和颜色，让它在头脑中留下鲜明的印象。

然后开始联想，“1”像什么呢？“竖起来的铅笔、笔直的电线杆、竖起来的食指、一根筷子”等，将这些形象印在头脑中传递给胎儿，加深胎儿对“1”的印象。

接下来，你可以利用身边的事物，表达“1”的意思，比如：一个苹果、一个人、一部电话、一棵树……不断地想象，不断地强调，加强胎儿对这个数字的认知。

第128天

营养胎教：注意饮食，给胎儿好视力

孕期要注意补充有利于视力的饮食营养，既可保护准妈妈的视力，又能促进胎儿的视力发育。所以，准妈妈要鼓励自己多吃对眼睛有益的食物。

❋多食富含脂肪酸的鱼

准妈妈每星期至少吃1次鱼，如沙丁鱼、鲭鱼等油质鱼，因为这类鱼富含脂肪酸。脂肪酸中的DHA与大脑内视神经的发育有密切的关系，能帮助胎儿视力健全发育。但不建议吃鱼类罐头食品，最好购买新鲜的鱼自己烹饪。

❋多食含胡萝卜素的食品

经常食用含胡萝卜素的食品，可防止维生素A、B族维生素、维生素E缺乏，也会促进胎儿的视力发育。

❋多食含钙食品

研究显示，孕期缺钙的准妈妈所生的宝宝在少年时患近视眼的概率很高，所以，准妈妈应多食豆类、虾皮、排骨汤、牛奶等含钙丰富的食品。

❋多食水果与蔬菜

含有维生素C的食物对眼睛也有益。维生素C是组成眼球玻璃体的成分之一。如果缺乏维生素C，容易罹患玻璃体混浊的白内障病。各种新鲜蔬菜和水果，其中尤以青椒、菜花、小白菜、鲜枣、番茄、猕猴桃、橙子等维生素C含量较高。

第129天 孕期扮美：安全防晒

孕期如何防晒

怀孕期间的肌肤会对光特别敏感，所以无论居家或外出都要注意防晒。阳光中的紫外线，即使在薄雾、阴天时也照样存在，因此时时都要注意防晒。

早上10点到下午4点，阳光充足，紫外线强烈，这段时间应减少外出。外出前30分钟，在面部及外露的皮肤上涂孕期专用的防晒产品，外出时再配合使用遮阳帽、遮阳伞、太阳镜等，并尽量选择有遮挡的地方，做好充足的防护。

使用防晒霜只是表层防护，而肌肤更需要深层修复。被太阳曝晒过的肌肤往往受到一定损伤，所以准妈妈应留意使用晒后修护及具有滋润保湿功能的产品，里应外合，配合防晒，使效果更有保障。如果缺少晒后修护，对皮肤的损伤也会很大。

如何选择防晒护肤品

夏季室外的紫外线指数较高，需要使用防晒系数较高的孕期专用防晒乳。在室内时，虽然紫外线指数不高，防晒乳还是需要持续使用的。由于准妈妈皮肤比较敏感，所以适宜选择防晒系数（SPF）在18左右的产品。

阳光中的紫外线简称UV，包括UVA和UVB等。UVA是生活紫外线，可透过玻璃和云层射入人的肌肤，是造成皮肤老化的因素；UVB是指户外紫外线，可直接射入皮肤，是造成肌肤晒红、晒伤的元凶。女性怀孕后，建议使用孕期专用的物理防晒霜，物理防晒霜可将特殊的紫外线防晒剂作为反射剂，对UVA、UVB进行反射。对于准妈妈来说，最大特点就是安全，其过敏率低，避免了化学性防晒剂中的某些成分对准妈妈敏感的皮肤造成刺激。

准妈妈最好选用纯生态环保型的孕期专用防晒产品。它们不仅对身体无刺激、无副作用，而且还能营养肌肤，让准妈妈更加美丽。

第130～131天

准妈妈动动手：七星瓢虫

1 正方形分别对折，打开，留折痕。

2 上角由1/3处向下折。

3 上层由1/3处向上折。

4 上层的下边向内折。

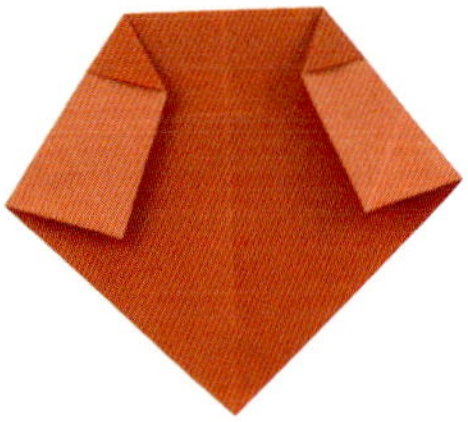

5 翻转，左右两斜边向里折。

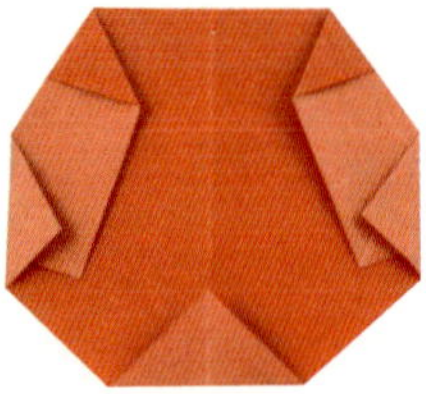

6 左、右、下角分别向后折。

7 翻转，装饰眼睛、背部斑点，完成。

第132天
音乐胎教：《春之歌》

《春之歌》是门德尔松《无言歌》中最为著名的一首曲子，不仅用于钢琴独奏，还被改编成管弦乐曲、小提琴和其他乐器的独奏曲，广为流传，深受世界人民喜爱。

《春之歌》是一首歌咏春天的优美抒情乐曲。乐曲主旋律旖旎多姿，温婉迷人，串串音符犹如飘飞的花絮，展现出春光的明媚。伴奏则仿佛淙淙溪水，潺潺流过，表现出人们置身于春色之中的激动心情，更烘托出春的意境与活力。全曲营造的快乐气氛令准妈妈沉醉。

春意盎然的时节，准妈妈带着腹中的胎儿一起到户外感受一下生命的气息吧！植物所迸发的无限生机也会让你和胎儿都对自己充满信心。

门德尔松和他的音乐

门德尔松是德国浪漫乐派最具代表性的人物之一。9岁开始登台表演钢琴独奏，10岁着手音乐创作，17岁时完成了为人所熟知的《〈仲夏夜之梦〉序曲》。

1829年春天，年仅20岁的门德尔松开始了他的旅行演出生活，他的足迹遍及欧洲许多文化圣地。愉快的旅行，丰富的见闻，使门德尔松构思与创作了一系列优秀的音乐作品。他的最杰出的事业是在1843年创办了德国第一所音乐学院——莱比锡音乐学院。

第133天 准爸爸胎教：和准妈妈一起看一场温馨的电影

准妈妈能否去影院观看电影和怀孕月份有关系，怀孕前三个月和后三个月的孕妇最好不要去影院。前三个月是妊娠早期，属于胚胎形成阶段，准妈妈的妊娠反应会比较剧烈，经不起外界的刺激。而后三个月接近临盆，胎儿的独立听觉能力正在增长，音响声过大对胎儿影响较大，准妈妈最好也不要去影院看电影。至于在怀孕中期，只要稍加注意，准妈妈还是可以适度地去影院看看电影的。

准妈妈观影注意事项

准妈妈要保持良好的情绪和心态，不能受到刺激和惊吓，这样才能保证胎儿的健康。所以剧情恐怖的惊悚片，场面刺激的枪战片，紧张激烈的悬疑片都不适合准妈妈观看，这些电影会让准妈妈产生焦躁不安和紧张的情绪，对胎儿有严重的影响。准妈妈适合观看温馨、健康、积极、欢乐的影片，最好是喜剧，这样准妈妈能在看电影时放松心情。还可以选一些爱情电影，这样准爸爸和准妈妈可以回忆一下当年的恋爱经历，重新回味约会的幸福。

准爸爸在订票前要注意以下几点：影院观影人流的规律性很强，一般正常工作日的18点之前观影人数比较少；尽量避开电影上映的头一周，新上映的影片观众会比较密集，尽量选白天场次人少的；最好选择最后一排靠近过道的位置，这个位置一般人少，以免人来回穿行造成不便。同时，影厅应急通道一般靠近最后排，遇到紧急情况可以从后门出去。

此外，还可以下载一些经典影片或购买光盘在家里观赏。找一些轻松、温暖，表现爱和希望、友谊、美好愿景的影片，在准爸爸的陪伴下，愉快地度过轻松时光，准妈妈还可以把影片内容用自己的语言跟胎儿分享，让胎儿更加熟悉妈妈的声音，同时感受到妈妈观影后的美好情绪。

电影欣赏：《绒布小兔子》，爱让我们真实

圣诞节的早晨，绒布小兔子安安静静地坐在小男孩装礼物的长袜子里，胖嘟

嘟、毛茸茸的，看上去那么漂亮，那么迷人，就像一只真正的兔子。一天，玩具们紧挨着躺在育儿室的炉围边休息，绒布小兔子好奇地问皮马：“什么是‘真的’？是不是身体里会发出嗡嗡响的声音，而且还会有一只摇手柄从里面伸出来？”“不，可不像你想的那样，”皮马一脸严肃地说，“这是一种可能发生在你身上的魔法，比方说，当一个孩子爱上你，并且一直宠爱你，不仅和你玩耍，还真正地爱你，你就会变成真的了。”绒布小兔子渴望皮马所说的魔法能发生在自己身上，渴望自己也能变成真的。一次偶然的机会，它睡在了小男孩的床上，从那以后，绒布小兔子成为小男孩最最亲密无间的玩伴。小男孩生病后，在梦中与他的好朋友小兔子、天鹅、皮马经历了一番生死历险，小兔子为了小男孩牺牲了自己。爱的力量，令绒布小兔子掉下一滴真正的眼泪，眼泪唤出世界上最可爱的仙女，仙女用她的魔法之吻帮绒布小兔子如愿以偿，终于变成了一只有着鲜活生命力的小兔子……

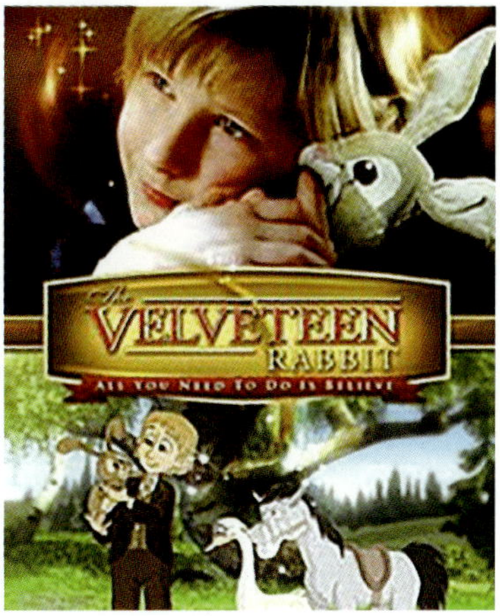

玛格丽·威廉斯，美国著名儿童文学作家。1922年，作家在41岁时出版了《绒布小兔子》一书，迅速蜚声世界，《绒布小兔子》一书也随即成为家喻户晓的世界童书经典。从小就爱听妈妈讲故事的儿童影片制作人马克·索尼克，将《绒布小兔子》绘制成动画并搬上屏幕。影片的重点不在于小兔子是否变成了真的兔子，而是人与人之间的关爱。最终，小男孩得到了来自父亲的爱，这才是影片真正打动人的地方。因为做了父母，所以，爱也是一种责任。

第20周

羊水中更加游刃有余的胎儿

这一周，胎儿发育得比较平稳，皮肤开始增厚，牙齿正在发育，四肢已发育好。免疫抗体能通过准妈妈的血液转送到胎儿身体里，这将帮助胎儿在出生后的最初一段时间里抵抗疾病。

可爱的“白眉大侠”

胎儿的眉毛和眼睫毛还在生长，头发慢慢变粗，无论以后宝宝的头发颜色有多深，他现在的头发都是完全不着色的，眉毛和睫毛也都是白色的，看起来就像“白眉大侠”。

神经与肌肉建立联系

从胎儿的脑部开始，神经组织正被一层髓质保护层覆盖，这是胎儿走向成熟的重要一步，因为这样可使大脑发送和接收信息有方便的通道，记忆与思维功能也在增强。

活动自如的胎儿

现在准妈妈子宫的空间尚宽敞，加上羊水的浮力和子宫壁的弹性，胎儿会很活跃，他在子宫中变换各种姿势，时而盘腿而坐，时而斜靠着吸吮拇指，有时甚至翻个筋斗倒转过来。他还喜欢用小手、小脚及头部等撞击子宫壁，就像一个在水里游泳的鱼儿一样活泼自由。

准妈妈疲劳感加重

随着子宫的日渐增大，腰部和腹部也开始膨胀了，膨大的腹部破坏了整体的平衡，使准妈妈易感疲劳，对肺、胃、肾脏的压迫也逐渐增强，导致呼吸急促、消化不良和小便频繁，甚至可能在无意识的情况下小便。孕中期，准妈妈腹部肌肉增加，会出现妊娠纹，这是一种自然现象，准妈妈不必对此忧心忡忡。为了避免体重增加过快，准妈妈平时应该坚持运动。

第134天 闪光卡片：胎儿学字母（2）

今天接着学习英文字母，准妈妈应在身体放松、心情愉快的前提下进行字母的学习。现在，准备好闪光卡片，和胎儿一起开始学习吧！

“D”是个开心的字母，它总是一副哈哈大笑的样子！准妈妈要集中注意力，看着卡片上的字母，将它深深地印入脑海，让胎儿和你一起感知，发音的同时用手指沿着卡片描摹字母“D”。

字母“E”像三根小棍儿横插在一支竹竿上，又像三个小人儿排成一队。

字母“F”就是“E”下面缺了一横，就好像一支竹竿原本有三根小杈，拿走最下面的一根，还有两根。准妈妈集中注意力，将“F”的形象生动地印在头脑中，并有意识地传递给胎儿。告诉胎儿正确的发音，并用手指在肚皮上写下一个大大的“F”。

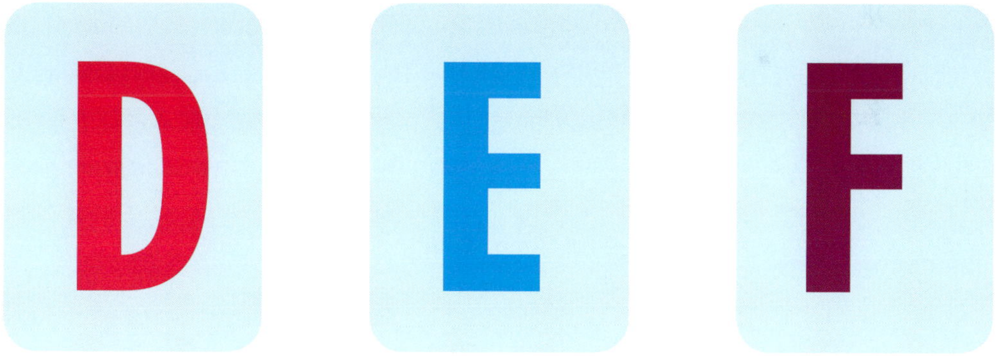

第135天 睡前故事：《两只笨狗熊》

狗熊妈妈有两个孩子，一个叫大黑，一个叫小黑。它们长得挺壮实，可是都很笨，是两只笨狗熊。

有一天，天气很好，哥儿俩手拉手一起出去玩儿。它们走着走着，忽然看见路边有一块肉，捡起来一闻，嘿，喷喷香。可是肉只有一块，两只小狗熊怎么吃呢？大黑怕小黑多吃一点儿，小黑也怕大黑多吃一点儿，这可不好办呀！大黑说："咱们分了吃，可要分得公平，我的不能比你的小。"小黑说："对，要分得公平，你的不能比我的大。"

哥儿俩正闹着呢，狐狸大婶来了，她看见肉，眼珠骨碌碌一转，说："噢，你们是怕分得不公平吧，让大婶来帮你们分。"哥儿俩说："好，好，狐狸大婶帮我们来分吧。"

狐狸大婶接过肉，恨不得一口吞下去，可是她并没有这样做，而是一下子把肉分成了两块，并且明显看起来一块大一块小。哥儿俩一看，连忙叫起来："不行！不行！一块大，一块小。"狐狸大婶说："你们别着急，瞧，这一块大一点儿吧，我咬去一点儿。"狐狸大婶张开大嘴巴"啊呜"咬了一口，哥儿俩一看，又叫了起来："不行，不行，这块大的被你咬了一口之后，又变成小的了。"

狐狸大婶说："你们急什么呀，那块大了，我再咬它一口吧。"狐狸大婶张开大嘴巴又"啊呜"咬了一口，哥儿俩一看，急得叫了起来："那块大的被你咬了一口之后，又变成小的了。"

狐狸大婶就这样这块咬一口，那块咬一口，最后两块肉只剩下小手指头那么一点儿了。她把这一丁点儿大的肉分给大黑和小黑，说："现在两块肉都一样大小了，吃吧，吃吧，吃得饱饱的。"大黑和小黑你看看我，我看看你，一句话也说不出来。

第136天

为你读诗：《祝福》

祝福这个小心灵，这个洁白的灵魂，他为我们的大地，
赢得了天的接吻。
他爱日光，他爱见他妈妈的脸。
他没有学会厌恶尘土而渴求黄金。
紧抱他在你的心里，并且祝福他。
他已来到这个歧路百出的大地上了。
我不知道他怎么从人海中选出你来，
来到你的门前抓住你的手问路。
他笑着，谈着，跟着你走，
心里没有一点儿疑惑。
不要辜负他的信任，
引导他到正路，并且祝福他。
把你的手按在他的头上，
祈求着：底下的波涛虽然险恶，
然而从上面来的风，会鼓起他的船帆，
送他到和平的港口的。
不要在忙碌中把他忘了，
让他来到你的心里，并且祝福他。

（泰戈尔）

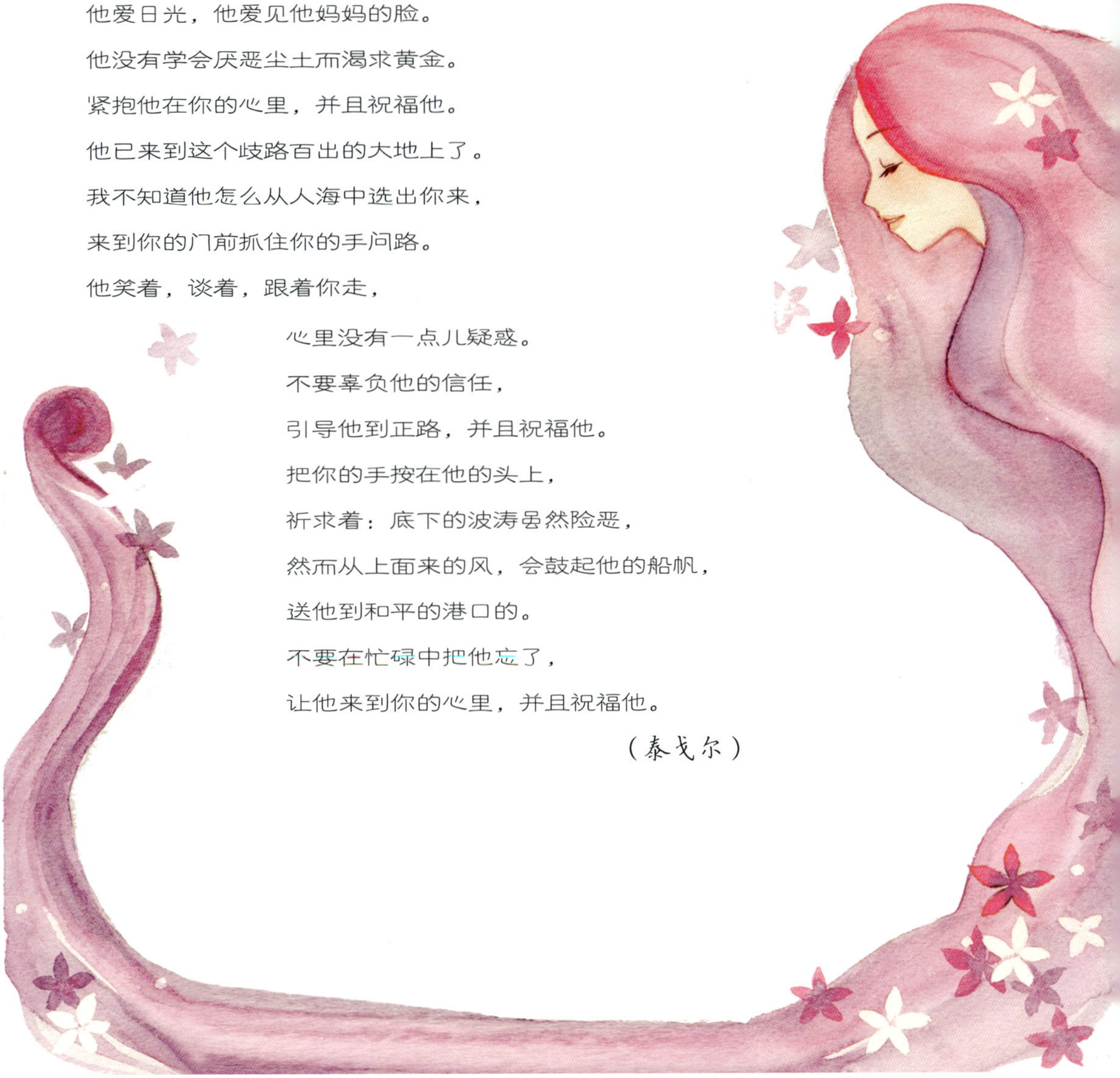

第137天

孕期扮美：如何选择衣着的颜色和图案

在孕期如果想要保持一个时尚准妈妈的姿态，一方面要注意衣物的面料、款式和舒适度，还要关注衣服的颜色和图案。衣服的颜色和图案，可根据个人的不同爱好和需求来选择。一般来说，可选择穿浅色图案的衣服，如粉红、粉蓝、粉绿……这些颜色会让你看起来靓丽、可爱又不失母性的风采。而经典的图案，则可以帮助准妈妈掩饰一下突出的腹部。可以参考以下几种图案，它们让准妈妈在孕期也能紧跟时尚的脚步。

1.端正大方的方格图案。方格，是端正大方的最经典图案，特别是当运用黑白灰、亮蓝、浅紫等既明艳又不失恬静的色彩时，能让准妈妈周身散发出母性光辉。

2.时尚活泼的圆点图案。圆点，在孕妇装上运用，体现出一种圆润和谐的美感。但在挑选时要注意，圆点不宜过大，而色彩也不应是具有膨胀感的浅色，否则不仅与身份格格不入，而且还会增加臃肿感。

3.沉稳色系的斜条条纹。条纹，会增加衣服的立体感，使人显得活泼、时尚，条纹的运用依然以沉稳的色系为主，并且必定采用斜条形式减少膨胀感。

4.清新雅致的花卉图案。花卉图案总是使人感觉清新，精神也会随之振奋。一些时尚的孕妇装点缀了花卉，就像落英飘落在裙裾上，似乎散发着若有若无的馨香。在孕期，选择一件花卉图案的裙装，会让准妈妈的“孕味”更加浓郁。

第138天 准妈妈动动脑：思维游戏

特殊的数字

圆中的哪个数字是与众不同的？

741　64　423　194　132　549　411　14

填充方格

	+		-		=5
+		×		-	
	×		-		=3
÷		-		×	
	×		÷		=2
=3		=8		=9	

每个空白方格中都包含1～9中的不同数字。每个算式是按照从上到下、从左到右的顺序计算的，而不是按照先乘除后加减的运算规则。你能把空白的方格填完整吗？

（答案见155页）

第139天 准妈妈动动手：学乐器尤克里里

好的音乐能沁人心脾、宁静情致。音乐的生理效应更多地作用于母体，美妙的音乐激发准妈妈的神经系统，产生神经介质，并随着血液循环渐渐进入胎盘，直至送到胎宝宝大脑的相应部位，促进其大脑的发育。所以，有不少准妈妈在聆听音乐的同时，也动了想学一门乐器的念头。

选乐器的原则

鉴于准妈妈的特殊身份，初学乐器尤其要注意几点：

1.挑选音色柔和的。例如扬琴、古筝这类民族乐器，即使你没有一点音乐基础，胡乱敲击或弹拨都能发出柔和、悦耳的声音。但小提琴、二胡这类弦乐器放在初学者手里，发出来的声音真是太折磨人了。

2.不适宜学吹奏乐。即使以前会吹笛子、箫等乐器的准妈妈，在孕期再吹也会显得力气不足了，以少用力为好，因此不建议在孕期初学笛子、葫芦丝等吹奏乐器。

今天介绍一种乐器：Ukulele，又名四弦琴，特别适合弹唱。

Ukulele在大陆地区一般习惯称为尤克里里，在我国港台地区一般译作乌克丽丽，是一种夏威夷的四弦拨弦乐器，发明于葡萄牙，盛行于夏威夷，归属在吉他乐器一族。这是一种适合成人及儿童，并且好听易学，又能激发节奏潜能的乐器。相对于普通的六弦吉他而言，它具有小巧、携带方便、价格低廉的优势。尤克里里完全可以自学，在网络上有视频教程也有乐谱，学习起来并不困难。

第140天

准爸爸胎教：唱儿歌（5）

小老鼠

小老鼠，上灯台。
偷油吃，下不来。
喵喵喵，猫来啦，
叽里咕噜滚下来。

小花狗

一只小花狗儿，
坐在大门口儿，
两眼黑溜溜，
想吃肉骨头。

小白兔

小白兔，白又白，
两只耳朵竖起来，
爱吃萝卜爱吃菜，
蹦蹦跳跳真可爱。

猫咪的胡子

我笑猫咪不像话，
生来就想当爸爸。
猫咪趴到我耳边，
跟我说句悄悄话：
没有胡子像娃娃，
老鼠见了不害怕！

鹅

一只鹅，走来走去多寂寞。
两只鹅，拍拍翅膀唱唱歌。
三只鹅，排着队儿去游水。
一群鹅，嘎嘎嘎嘎真快活。

小小猪

小小猪，胖嘟嘟，
耳朵大呀腿儿粗。
走路摇摇小尾巴，
唱起歌儿呼噜噜。

第6个月 鼓励和称赞，让胎儿更聪明

第21周

听觉发育，可以听到外界的声音

第21周，你和胎儿已经安全度过了一半的孕期，是不是很欣慰呢？此时胎儿的身体比较匀称，全身覆盖着胎脂，它能保护胎儿的皮肤免受羊水侵蚀。

体重增长开始加速

这个时候胎儿体重开始大幅度增加。胎儿的眉毛和眼睑清晰可见，手指和脚趾也已经长好指甲。

声音信息能传到大脑了

这一周里，胎儿的听小骨（人体最小的3块骨头，即锤骨、砧骨、镫骨）开始硬化，使声音能够被传导。因此在这个阶段，胎儿可以把声音的信息传递到大脑，而且胎儿的听力也达到了一定水平，所以他对外界的声音会更加敏感和好奇。

大脑迅速发育

胎儿的大脑迅速发育起来，这个过程会一直持续到他5岁的时候，现在可以表现在听觉上：当听到外界的声音或活动时会被惊醒，如突然发出的噪声、喧闹的音乐，甚至洗衣机的震动都会吵醒他。

准妈妈身体变得笨重

准妈妈这时的体重比怀孕前增加了5千克～6千克，子宫上升比较多，腹部明显隆起。准妈妈身体的重心发生变化，突出的腹部使重心前移。这个时候，准妈妈的呼吸变得粗重，即使稍作运动也会气喘吁吁，这是子宫向肺部抬升，压迫肺部造成的。

职场准妈妈胎教要点

1. 创造舒适的办公环境，将自己的办公区域按自己的喜好重新布置。

2. 工作上不要对自己要求太苛刻，在孕期可适当降低对自己的工作要求。

3. 在工作的同时也能进行胎教，以愉悦的心情进行工作。

4. 避免办公室的空调对着自己吹，可以调整一下自己的位置。

5. 做好保暖工作，避免下半身着凉，夏季在空调房中要穿着长裤。

6. 尽可能避免从事会使小腹用力的工作。

第141天 闪光卡片：胎儿学数字（2）

今天要和胎儿一起学习数字“2”了。

准备好闪光卡片，取出“2”。准妈妈集中注意力，将“2”的形状和颜色深深地印在头脑中，加深对“2”的认识。

接下来开始联想，“2”像什么呢？“浮在水面上的大白鹅”“飘扬的丝带”“挂钩的侧面”……你可以根据自己的想象在家里找一些和“2”形状有关的实物，告诉胎儿，这就是“2”的样子。

“2”是怎样的概念呢？你同样可以用身边的事物进行讲解。“2块饼干”“2个盘子”“2根手指”……而且可以和“1”进行比较，这样胎儿的印象会更深。还可以给胎儿读一读下面这首儿歌：

鸭子

嘴像小铲子，

脚像小扇子。

走路左右摆，

水上划船子。

第149页答案：

①“特殊的数字”答案为132。因为其他数字都包含“4”；

②“填充方格”答案如下面表格。

8	+	2	-	5	=5
+		×		-	
1	×	7	-	4	=3
÷		-		×	
3	×	6	÷	9	=2
=		=		=	
3		8		9	

第142天 音乐胎教：《维也纳森林的故事》

乐曲的开始是一段很长的序奏。两支圆号的旋律描绘了优美动人的风景；双簧管和单簧管吹出抒情流畅的曲调，像是牧人的牧歌和角笛；钟声的响起，使音乐增加了很多光彩。然后，大提琴缓缓奏出第一圆舞曲的主题旋律，作为全曲的引子。大提琴浑厚的音调、圆号美丽的牧歌和长笛玲珑的装饰音节，构成了一幅极美妙且色彩斑斓的“音画”，十分优美动人。

在轻柔而华美的乐曲声中，我们仿佛看到这样一个场景：春天的早晨，在美丽的蓝色多瑙河畔，远处群山起伏，田野一望无际；清晨的阳光透过大树茂密的枝叶洒在挂满露珠的草地上，山间小溪波光粼粼；羊儿在草地上吃草，小鸟在林间婉转啼鸣，牧童吹着短笛，猎人吹响号角，马蹄声声，构成一幅大自然美丽的图画，宛若人间天堂。

施特劳斯与《维也纳森林的故事》

《维也纳森林的故事》是小约翰·施特劳斯继圆舞曲《蓝色多瑙河》之后的又一部杰作，完成于1868年，同年6月19日初演于维也纳，并由他亲自指挥。在奥地利首都维也纳的郊区，有一片美丽的森林，吸引着来自世界各地的游客，而维也纳人的骄傲与福气之一，正是他们生活在层层叠叠的绿色包围之中。森林不单是维也纳人度假游玩的去处，平日黄昏人们也常常到那里去呼吸氧气——敞开胸怀，张开嘴巴，大口呼吸来自林海的空气。而森林的绿色也是一种净化眼睛和心灵的颜色，因此，维也纳人很喜欢绿色。许多居住在维也纳的大作曲家们也经常光顾维也纳森林，小约翰·施特劳斯就是其中之一，《维也纳森林的故事》就是他献给家乡的赞歌。

第143天

睡前故事：《城里老鼠和乡下老鼠》

有一天，一只城里老鼠遇到了一只乡下老鼠，他们交上了朋友，从此开始了友好交往。首先是乡下老鼠邀请城里老鼠到家里来做客，城里老鼠很高兴地答应了。

乡下老鼠拿出从田地里采来的玉米、花生、白薯及树上的红枣招待城里老鼠。城里老鼠一看，有点瞧不起乡下老鼠：“这些东西太平常了！你难道就没有一些贵点儿的食物吗？你生活得太贫穷了。哪天你跟我到城里，我让你开开眼界，看看我们吃的是什么，那简直丰富极了！”

乡下老鼠非常羡慕地望着城里老鼠，心里十分盼望早一天到城里去做客。

这一天，乡下老鼠进了城，到了城里老鼠家里。怎么？饭桌上什么东西都没有啊？城里老鼠看出乡下老鼠心里的疑问，就告诉他：吃的东西到晚上就会有的。夜晚很快来了，乡下老鼠跟着城里老鼠悄悄溜进主人的厨房，哇！这里的食品真多呀！各种蔬菜、水果、面包、香肠、奶酪、黄油……让人看得口水都流出来了。乡下老鼠和城里老鼠毫不客气地吃了起来。

正吃得开心，突然听到有脚步声。“不好！主人来了，快跑。”城里老鼠一把抓住乡下老鼠钻回了洞里。

乡下老鼠吓得心脏怦怦地跳个不停，刚吃下的东西差点吐了出来，“老兄，你过的是什么日子呀？虽然有那么多好吃的东西，可是总是提心吊胆的，这种生活我可受不了。我还是喜欢我们乡下自由自在的生活。”说完，乡下老鼠就辞别城里老鼠回家了。

第144天

大宝动动脑：它们喜欢什么礼物

小白兔挎着一筐萝卜送给小花猫。
小花猫拎着一条鲜鱼送给小山羊。
小山羊背着一筐青草送给小黄狗。
小黄狗提着一袋肉骨头送给小白兔。
结果呀，大家都不喜欢朋友送来的礼物。
后来呀，它们把礼物交换了一下，大家就都高兴了。
问一问大宝：你知道该怎么交换吗？

第145天 为你读诗：《笑》

林徽因的诗歌《笑》描绘了一个灿烂无比、甜美绝伦的笑。读到这样美丽的文字，准妈妈的脸上是不是也会情不自禁地露出一个笑容？就像水的波纹荡漾开，流淌到心间。准妈妈将这个笑容从心底传递给胎宝宝吧，你幸福的笑容将感染着周围的一切，你的快乐也将是胎宝宝生长的动力。

笑

笑的是她的眼睛，口唇；
和唇边浑圆的漩涡。
艳丽如同露珠，
朵朵的笑向，
贝齿的闪光里躲。
那是笑——神的笑，美的笑；
水的映影，风的轻歌。

笑的是她惺忪的卷发，
散乱的挨着她的耳朵。
轻软如同花影，
痒痒的甜蜜，
涌进了你的心窝。
那是笑——诗的笑，画的笑；
云的留痕，浪的柔波。

（林徽因）

第146天 语言胎教，这样做才有效

语言讲解要视觉化

准妈妈不要照本宣科地给胎儿读画册上的文字，而要把每一页的画面详细地讲给胎儿听。例如画册上画着鸟儿，你可以对胎儿说："宝宝，你看，这种鸟叫鹦鹉，它的羽毛多么漂亮，它的嘴是红色的，它长着一双翅膀，能在树林里飞来飞去。最美妙的是，它还会学我们说话呢。它会对你说：你好，你好！再见，再见！"这样做，就是把画的内容视觉化了。

要将形象与声音同时传递给胎儿

准妈妈先在头脑中把所要讲的内容形象化，像看到影视画面一样，然后用动听的声音将头脑中的画面讲给胎儿听。例如讲"小猫钓鱼"的故事时，要声情并茂地描绘小猫兴冲冲去钓鱼和后来在河边三心二意的样子，有声有色地讲述河边美丽的花草和翩翩飞舞的蝴蝶，栩栩如生地表现出小猫又想抓蝴蝶又想钓鱼的矛盾心情，惟妙惟肖地描绘出小猫最后一条小鱼也没有钓到的懊丧心情。这样，准妈妈就和胎儿一起进入了小猫生活的世界。小猫遇到的种种事物及其个性特点，也就通过形象和声音输入了胎儿的头脑里。

形象和情感要融合

当进行语言胎教时，要创造出情景相生的意境。例如到公园散步，一边走一边看，周围的环境是安详宁静的，准妈妈感到轻松愉快和幸福。这时，准妈妈就可以用这样的心情把所见所闻讲给胎儿听："公园里面有好多的小朋友，他们有的做游戏，有的骑自行车，还有的在踢球。宝宝，等你将来长大了，也可以来这里和小朋友们一起玩耍，好不好啊？"

第147天

准爸爸胎教：带准妈妈去旅游

孕中期，准妈妈已经适应了怀孕带来的变化，身体状态也趋于稳定，是外出旅游的好时机。准爸爸可以利用假期，带准妈妈去一个她内心向往的地方，使她充分放松身心，这会让准妈妈的情绪更加愉快、放松，更有助于胎儿大脑和身体的发育。

做好充分准备

不要在旅游高峰期出行，最好选择适宜四五天往返的目的地，事先了解当地的气候、天气状况，提前预订好往返车票或机票，并预订好住宿地点。

长途旅行交通工具的选择

选择行驶平稳、舒适的交通工具。乘车颠簸是引起流产的一大因素。因此，首先长距离旅行应选择搭乘飞机，既平稳舒适又节省时间；其次选择火车或内河轮船，但必须是卧铺或一、二、三等舱，行驶比较平稳，也能保证休息；再次选择汽车，乘汽车安全系数不高，即使乘坐也不要超过两个小时。此外，在乘坐汽车、飞机时都要系好安全带，并调节好松紧。

目的地选择

要选择那些山清水秀的旅游地，比如湖边、海边或是平坦的草原。避免去那些山路崎岖、险阻较多或流行病高发的地方。

旅游方式

应选择度假式自助旅游，不要参加那种人数多、行程紧凑的跟团游，时间不宜太长，以免身体疲劳出现问题。

第22周

又红又皱的“小老头儿”

胎儿越来越强壮了，他现在每天依旧是用大把的时间睡觉，当他醒来的时候，就会“逗弄”一下妈妈。玩儿累了，就会再次进入梦乡。

每天听着妈妈的心跳声入睡

本周，胎儿身长（头到臀）19厘米～22厘米，体重350克～450克。此时，他的胎心音变得越来越强，产生激素的胰腺也在稳步发育。

像“小老头儿”一样皱巴巴

这个时候胎儿的皮下脂肪还不够厚，脂肪含量仅占体重的1%，因此胎儿的皮肤还是皱皱的、红红的；而且胎儿的皮肤还是透明的，可以看见皮肤下的骨骼、内脏器官和血管。

长牙的最初迹象

胎儿嘴唇越来越清晰，恒牙的牙胚还在发育，牙尖也出现在牙龈内，显露出长牙的最初迹象。

骨关节开始发育

通过B超，能清楚地看到胎儿的头盖骨、脊椎、肋骨、四肢的骨骼，骨关节也开始发育了，身体逐渐匀称。

准妈妈要预防贫血

此时，准妈妈体内的血液量大幅增加。增加的血液量主要是在怀孕期间引起生理性贫血的血浆，而血浆能够稀释准妈妈的血液。血液的浓度被称作血球容量，它的数值在孕中期会变得很低。因此，很多准妈妈易在这段时间患上贫血症，所以摄取充分的铁质来预防贫血就显得非常重要。

适当多吃富含膳食纤维的食品，如全麦面包及其他全麦食品、豆类食品、粗粮等，以预防便秘的发生。

在饮食上除了应该注意多吃一些含铁丰富的食物外，还应注意多吃一些含维生素C较多的食物，以帮助身体吸收更多的铁。

第148天

闪光卡片：胎儿学图形（2）

今天要学一个特别的图形——心形。画一颗大大的“爱心”，来表达你对胎儿浓浓的爱意吧！

学习图形的方法跟前面学习数字、字母等方法基本相同，准妈妈要集中精神，全神贯注地注视闪光卡片上的图形，同时用手指在卡片上描摹，将这个形状印入脑海里，形成立体的影像传递给胎儿。准妈妈和准爸爸一人伸出一只手，试试看，你们的手也能拼出一个完整的心形呢，就让这颗汇集了父母之爱的心深深印在胎儿的脑海中吧！

再找找看，和卡片上这个图形一样的东西还有哪些？心形的发卡、心形的抱枕、衣服上的心形图案、心形的蛋糕……就用这些实物来加深胎儿对心形的印象吧！

第149天 睡前故事：《爱美的小公鸡》

小公鸡，真神气，戴着小红帽，穿着花花衣。“喔喔，看我多美丽！”

有一天大清早，小公鸡跑啊跑，跑到树林里，碰见啄木鸟。“啄木鸟阿姨，啄木鸟阿姨，瞧瞧我的小红帽，瞧瞧我的花花衣，喔喔，谁也不能比！”“嘿嘿嘿，小公鸡，别夸口，树林里面走一走，看看哪个美哪个丑！”

小公鸡不服气，拍拍翅膀往前走，碰见蜜蜂在采蜜。“小蜜蜂，小蜜蜂，咱们比一比，到底谁美丽！”小蜜蜂微微笑，“我啊，忙着采蜜，你去跟别人比吧！”小公鸡脸一红，拍拍翅膀往前走，碰见青蛙在捉虫。“小青蛙，小青蛙，到底谁美丽，咱们比一比！”小青蛙叫呱呱，“我啊，忙着捉害虫，你还是跟别人去比吧！”

小公鸡挺生气，拍拍翅膀往前走，碰见兔子在挖地。“小兔子，小兔子，咱们比一比，到底谁美丽！” 小兔子摆摆手，“我啊，忙着种萝卜，你没事，你快走！”小公鸡发了火，拍拍翅膀往前走，碰见松鼠摘松果。“小松鼠，小松鼠，到底谁美丽，咱们比一比！” 小松鼠笑哈哈，“我啊，忙着摘松果，你东游西荡在干啥？”

小公鸡泄了气，拖着尾巴往前走，碰见白马背东西。“白马哥，白马哥，瞧我长得多美丽，可是谁也瞧不起！”白马笑眯眯，告诉小公鸡，“小红帽，花花衣，没有什么了不起，哪个爱劳动，这才真的是美丽！”

小公鸡从此早早起，早起喔喔啼，告诉大家天亮了，大家都欢喜。小公鸡从此再不说“瞧我多美丽”，可是大家都夸它是：美丽的小公鸡！

第150天 音乐胎教：《彩云追月》

《彩云追月》这首乐曲准妈妈一定不会陌生，它是一首民族管弦乐曲，曾被改编为不同版本的歌曲，广为传唱。准妈妈不妨随着熟悉的音乐哼唱吧。

《彩云追月》乐曲旋律具有民族色彩，简单流畅，通过各种乐器的细腻编配，以轻快的节奏，形象地描绘了浩瀚夜空的迷人景色，表现了云与月追逐、嬉戏的场景和夜晚安静、恬淡的意境。

乐曲悠扬婉转的旋律很适合准妈妈在睡前欣赏，它优美抒情的曲调和唯美的夜空画面感能消除准妈妈的疲乏，帮助缓解紧张了一天的情绪，也带准妈妈和胎宝宝一起充分体验轻松柔美的音乐境界，帮助准妈妈安眠。

如果准爸爸会唱这首歌，那就唱给胎宝宝和准妈妈听吧。不仅因为胎宝宝对男性低频率的声音敏感，更重要的是，准爸爸参与胎教能让准妈妈感觉受到重视与疼爱，准妈妈的愉悦能轻松带动胎宝宝愉快的心情，对于塑造胎宝宝开朗的性格非常有益。因此，准爸爸在胎教中所扮演的角色至关重要。

第151天 为你读诗：《摇篮歌》

妈妈，妈妈，吻吻我吧，
我要更多地吻你，
直吻得你看不见别的东西…
蜜蜂钻进百合里，
花儿不觉得它鼓动双翼。
当你把儿子藏起，
同样听不见他的呼吸……
我不停地注视着你，
一点也没有倦意，
你眼里出现一个孩子，
他长得多么美丽……
你看到的一切，
宛如一座池塘；
但只有你的儿子，
映在秋波上。
你给我的眼睛，
我要尽情地使用，
永远注视着你，
无论在山谷，海洋，天空……春天的花香真正醉人，
一阵阵温风拂上人身，
你瞧日光它移的多慢，
你听蜜蜂在窗子外哼：
睡呀，宝宝，
蜜蜂飞的真轻。
天上瞧不见一颗星星，
地上瞧不见一盏红灯；
什么声音也都听不到，
只有蚯蚓在天井里吟：
睡呀，宝宝，
蚯蚓都停了声。
一片片白云天空上行，
像是些小船飘过湖心，
一刻儿起，一刻儿又沉，
摇着船舱里安卧的人：
睡呀，宝宝，
你去跟那些云。
不怕它北风树枝上鸣，
放下窗子来关起房门；
不怕它结冰十分寒冷，
炭火生在那白铜的盆：
睡呀，宝宝，
挨着炭火的温。

作者简介：朱湘（1904~1933），诗人，中国现代诗坛上的重要诗人，被鲁迅称之为“中国的济慈”。

第152天

准妈妈动动脑：智力游戏（3）

1.霸王自刎的秘密

楚霸王项羽被刘邦打得大败，独自逃到了乌江边。突然，他发现岸边的一块大石碑上写着“霸王乌江自刎”六个大字。他走上前一看，原来这六个字是由无数蚂蚁组成的。项羽大惊：蚂蚁写字，这不是老天要我死吗？天意难违啊！绝望之下，项羽真的拔剑自刎了。其实，项羽上当了。你能想到其中的秘密吗？

2.父亲的疑问

小孩子向父亲提出问题：“一只也28千克，两只也28千克的是什么？”父亲百思不得其解。你知道是什么吗？

3.淋不着雨的地方

整个县都在下大雨，张三就在这个县里，并且站在室外，头上就是天空，他没用任何防雨物品，却一点儿也没淋着雨。这是怎么回事。

4.遗产

一天，一位年轻的妇女慕名来找警长，说了这样一件事：“我伯父单身一人，他的财产约10万元，换成现金和宝石，保存在银行的金库里。然后他把钥匙留给我，并且留下遗嘱，他死后遗产将由我继承。上个月，伯父病故，我到银行去取遗产，金库中只放着个信封。”说着，她从手提包中拿出那个信封。

这是一个极为普通的信封。上面贴着两枚陈旧的邮票，没有收信人的姓名、地址。警长把信封拿到窗前明亮处对着光线照看，一无所获。警长沉思片刻，问道：“你伯父有什么特别的嗜好和古怪的性格吗？”

“我不太了解，只记得伯父喜欢读推理小说。”

“原来如此，小姐，请放心，你的遗产安然无恙。”警长笑着说。

那么，10万元的遗产在哪里呢？

第153天
每天学一点儿英语

有教育学家认为：“只需一个袖珍录音机，一盘磁带和英文摇篮曲，就可以使胎儿将来成为精通两种语言的人才。”英语胎教的意义在于，通过语言向胎儿传递自己的爱和真心。如果一开始不熟练或羞于用英语表达自己的感情，不妨先用：“I love you sweetie……”之类表达爱意的话作为开端。

罗列出脑海中浮现的单词，也有助于英语胎教的顺利进行。逐一想出并说出自己掌握的单词，渐渐地就能串成句子，讲给胎儿听。

英语胎教最重要的是准妈妈多听英语，把听到的讲给胎儿，让胎儿听到准妈妈的声音。准妈妈可以按照自己的生活习惯固定一个时间段（每天5～20分钟），用英语进行对话胎教。如果平时喜欢英文经典歌曲，不妨多听一听。准妈妈也可以挑选一些绘图精美的儿童英文读物来阅读。

The ABC Song
A B C D E F G,
H I J K L M N,
O P Q R S T,
U V W X Y Z,
X Y Z, Now you see,
I can say my A B C.

（答案：1.石碑上的字，是刘邦的军师张良用蜜糖写的。蚂蚁发现蜜糖后，从四处赶来，爬满了涂蜜糖的地方，这就组成了六个大字。项羽见了误以为是老天的安排，结果中计了。2.体重。因为用一只脚站在体重秤上或两只脚站在体重秤上都是28千克。3.他站在一座高山的山顶上，雨云低于山顶，自然淋不着他。4.邮票价值10万。）

第154天 准爸爸胎教：讲个英语小故事

We are friends（我们是朋友）

Tommy is a turtle. He has no daddy, no mummy and no friends.

Tommy 是一只乌龟。它没有爸爸，没有妈妈，也没有朋友。

He is crying. A bird comes. She says: “I can fly. Let’s fly!”

它正在哭。一只小鸟过来了。她说：“我会飞，让我们一起飞吧！”

Tommy says: “ no, no, I can’t fly!”

Tommy 说：“不，不，我不会飞。”

A rabbit comes. He says: “ I can jump. Let’s jump!”

一只兔子过来了。它说：“我会跳。让我们一起跳吧！”

Tommy says: “no, no. I can’t jump!”

Tommy 说：“不，不。我不会跳！”

A monkey comes. He says: “I can climb the tree. Let’s climb the tree!”

一只猴子过来了。它说：“我会爬树。让我们一起爬树吧！”

Tommy says: “ no, no. I can’t climb the tree!”

Tommy 说：“不，不。我不会爬树！”

A duck comes. He says: “I can swim. Let’s swim!”

一只鸭子过来了。它说：“我会游泳，让我们一起游泳吧！”

Tommy smiles: “ we are friends!”

Tommy 笑了：“我们是朋友！”

第23周

长成一个健壮的小宝宝

本周，胎儿的骨骼和肌肉已经长成。这个阶段，胎儿肺中的血管还在形成，呼吸系统正在快速地建立，为了锻炼呼吸能力，他在不断地进行着吞咽动作。

视网膜成形，能看见东西了

这一周，胎儿能模糊地看见东西了，他的视网膜已形成，因而具备了微弱的视觉。另外，嘴唇、眉毛和眼睫毛已各就各位，清晰可见；激素的分泌也正在稳定的发育过程中。

胎儿的肤色与血液颜色相似

胎儿的皮肤看上去还是红红的、皱皱的，这种颜色其实是透过皮肤看到的血管里血液的颜色，现在最细小的血管——毛细血管开始生长，当血液流进这些血管时，胎儿的皮肤会呈现红色或粉红色。

准妈妈成为真正的“大肚婆”

这个时期，准妈妈会发现自己的乳房、腹部的妊娠纹增多了，大腿上也出现了淡红色的纹络，甚至耳朵、额头或嘴周围也生出小斑点来，下腹和外阴的颜色似乎比以往加深了些。准妈妈这时变成了一个真正的“大肚婆”，肚子不仅大了，而且食欲也非常好，所以准妈妈一定要好好利用这段时间，加强营养，增强体质。

第155天 对话胎儿：让妈妈幸福的胎动

宝宝，你知道吗，现在妈妈学会数胎动了。每天我都会在早、中、晚三个时间段数胎动，然后将胎动次数记在表格中。虽然你的胎动次数每天都会有细微的变化，但是整体上都很正常，妈妈就放心了。每天数着你的胎动，妈妈感到非常幸福。与你相见的日子不远了，妈妈会耐心等候。

怎样数胎动

一般来说，在正餐后卧床或以坐姿计数，每天将早、中、晚各1小时的胎动次数相加乘以4，就得出12小时的胎动次数。如果12小时胎动次数大于30次，说明胎儿状况良好；如果为20～30次应注意次日计数；如下降至20次以下要及时告知医生，做进一步检查。

警惕胎动异常

当准妈妈发烧或遭遇外伤时，胎动往往会突然减少或加剧，所以，当准妈妈有高烧或遭遇外伤时，要密切关注胎动情况，一旦有异常情况，应及时入院检查，不要擅自服药。

胎动突然加剧，随后很快停止，出现这种情况的原因可能是胎盘早期剥离。这种情况多发生在怀孕的中期以后，有高血压、严重外伤或短时间子宫内压力减少的准妈妈较容易出现这种状况，症状有阴道出血、腹痛、子宫收缩、严重的休克。一旦出现这样的情况，胎儿也会随之做出反应：由于突然的缺氧，胎动会出现短暂的剧烈运动，随后又很快停止。

急促的胎动后突然停止

出现这种情况的原因可能是脐带绕颈或打结。正常的脐带长度为50厘米，脐带过长容易缠绕胎儿的颈部或身体。一旦出现脐带绕颈或打结的情况，就容易使血液无法流通，导致胎宝宝因缺氧而窒息。当有上述情况出现时，准妈妈会感觉到：胎动会突然急促，经过一段时间后又突然停止，这就是胎儿发出的异常信号。

第156～157天

睡前故事：《萝卜回来了》

雪这么大，天气这么冷，地里、山上都盖满了雪。小白兔没有东西吃了，饿得很。它跑出门去找。

小白兔一面找一面想："雪这么大，天气这么冷，小猴在家里，一定也很饿。我找到了东西，去和它一起吃。"

小白兔扒开雪，嘿，雪底下有两个萝卜。它多高兴呀！小白兔抱着萝卜，跑到小猴家，敲敲门，没人答应。小白兔把门推开，屋里一个人没有。原来小猴不在家，也去找东西吃了。

小白兔就吃掉了小萝卜，把大萝卜放在桌子上。

这时候，小猴在雪地里找呀找，它一面找一面想："雪这么大，天气这么冷，小鹿在家里，一定也很饿。我找到了东西，去和它一起吃。"

小猴扒开雪，嘿，雪底下有几颗花生。它多高兴呀！小猴带着花生，向小鹿家跑去，跑过自己的家，看见门开着。它想："谁来过啦？"它走进屋子，看见萝卜，很奇怪，说："这是哪来的？"它想了想，知道是好朋友送来的，就说："把萝卜也带去，和小鹿一起吃！"

小猴跑到小鹿家，门关得紧紧的。它跳上窗台一看，屋子里一个人也没有。原来小鹿不在家， 也去找东西吃了。小猴就把萝卜放在窗台上。

这时候，小鹿在雪地里找呀找，它一面找一面想："雪这么大，天气这么冷，小熊在家里，一定也很饿。我找到了东西，去和它一起吃。"

小鹿扒开雪，嘿，雪底下有一棵青菜。它多高兴呀！小鹿提着青菜，向小熊家跑去，跑过自己的家，看见雪地上有许多脚印，它想："谁来过啦？"

它走近屋子，看见窗台上有根萝卜，很奇怪，说："这是从哪来的？"它想了想，知道是好朋友送来给它吃的，就说："把萝卜也带去，和小熊一起吃！"

小鹿跑到小熊家，在门外叫："开门！开门！"屋子里没有人答应。原来小熊不在家，也去找东西吃了。小鹿就把萝卜放在门口。

这时候，小熊在雪地里找呀找，它一面找一面想："雪这么大，天气这么冷，小白兔在家里，一定也很饿。我找到了东西，去和它一起吃。"

小熊扒开雪，嘿，雪底下有一个白薯。它多高兴呀！小熊拿着白薯，向小白兔家跑去，跑过自己的家，看见门口有个萝卜，它很奇怪，说："这是从哪来的？"它想了想，知道是好朋友送来给它吃的，就说："把萝卜也带去，和小白兔一起吃！"

小熊跑到小白兔家，轻轻推开门。这时候，小白兔吃饱了，睡得正甜哩。小熊不愿吵醒他，把萝卜轻轻放在小白兔的床边。

小白兔醒来，睁开眼睛一看："咦！萝卜回来了！"它想了想，说："我知道了， 是好朋友送来给我吃的。"

第158天 和胎儿一起分享大自然

准妈妈最好利用每天下午的时间外出散步。可以去公园、植物园和动物园，和胎儿一起去看湖中的野鸭和天鹅，一起享受日光浴，这将是十分愉快的时光。一边散步，一边可以给胎儿介绍人们生活的情况、居住的环境、公共设施、不同季节里自然界的变化、动植物的生态情况等。

为扩大学习范围，每次最好都稍微改变一下散步的路线。这样眼前出现的事物也不会一成不变，从接触的人、装饰、橱窗里的商品、不同颜色的画、变幻的天空等事物中，发现一些新鲜和感兴趣的东西，讲给胎儿听。

散步的时候还可以给胎儿说一说关于大自然的歌谣，让胎儿认识认识这些可爱的小伙伴！

小燕子，造房子

小燕子，造房子。
要衔多少泥？要飞多少里？
没人催，没人逼，
一口一口不容易，
燕子垒窝有志气。

树叶

二月三月，树叶青绿。
五月六月，树叶浓密。
七月八月，树叶哗啦。
九月十月，树叶飘啦。
等到落光啦，冬天就到啦！

第159天 和大宝一起玩：互动游戏

请你跟我这样做

游戏目的：提高宝宝的语言理解能力，培养宝宝的语言节奏感。

游戏时，父母边做动作边念儿歌，让宝宝也做同样的动作。

请你跟我这样做，我就跟你这样做，小手指一指，眼睛在哪里？眼睛在这里。（用手指眼睛）

请你跟我这样做，我就跟你这样做，小手摸一摸，鼻子在哪里？鼻子在这里。（用手摸鼻子）

请你跟我这样做，我就跟你这样做，小手指一指，耳朵在哪里？耳朵在这里。（用手指耳朵）

请你跟我这样做，我就跟你这样做，小手指一指，嘴巴在哪里？嘴巴在这里。（用手指嘴巴）

请你跟我这样做，我就跟你这样做，小手指一指，小手在哪里？小手在这里。（把手摇两下）

动物拼图

游戏目的：培养宝宝辨别物体的特殊细节的能力。

1. 妈妈把一堆属于一个动物的拼图块儿放在一个盒子里，与这个动物的完整图片同时摆在桌面上。

2. 妈妈先让宝宝看动物图片，然后把动物拼图倒出来，先让宝宝自己拼拼看，如果宝宝不得要领，妈妈就要引导，如“宝贝，先把兔子的眼睛找出来”。

3. 宝宝找到了兔子的眼睛后，妈妈再提示：“挨着眼睛的嘴巴只剩半个了，把另外半个找出来。”宝宝找出它所缺少的那部分，并贴在相应的部位，游戏反复进行。一个动物拼完了，接着再拼下一个动物。

第160天 音乐胎教：《田园交响曲》

儿时那散发着泥土芳香的田园小路是不是经常勾起你甜美的回忆？现在就让贝多芬优美动人的乐曲伴随着你，漫步欣赏那恬静的田园风光吧！

听这首乐曲，你会感受到人与自然和谐统一的佳境，自然的千姿百态与音乐的宏伟互为映衬，你能根据乐曲想象出一幅美丽的图画，令人身心舒展，不禁感叹，好一幅自然的美景！

当你与胎儿一起漫步于小区花园或是林荫小路时，听一听这首《田园交响曲》吧。充盈在耳朵里的大自然的声音和眼前大自然的美景会让你从心灵深处呼吸到那纯净清新的空气。或者，在天气晴好的日子，与准爸爸一起到郊外，看一看真正的田园风光，尽情感受乐曲带给你的美好体验。

贝多芬和他的音乐

《田园交响曲》是贝多芬的F大调第六号交响曲，其灵感来自于大自然，是贝多芬最受欢迎的交响乐之一。贝多芬完成这首乐曲后，亲自将它命名为《田园交响曲》，是他少数的各乐章均有标题的作品之一，也是他九首交响乐作品中最具有故事性、情节性的一部音乐作品。

这首作品1808年在维也纳首演，由贝多芬亲自指挥，在首演节目单上，他写道：“乡村生活的回忆，写情多于写景。”

第161天

准爸爸胎教：给准妈妈出难题

下面是一组由固定和不固定转轮组成的组合。如果如图示的方向转动摇把，物体A和物体B应该上升还是下降？

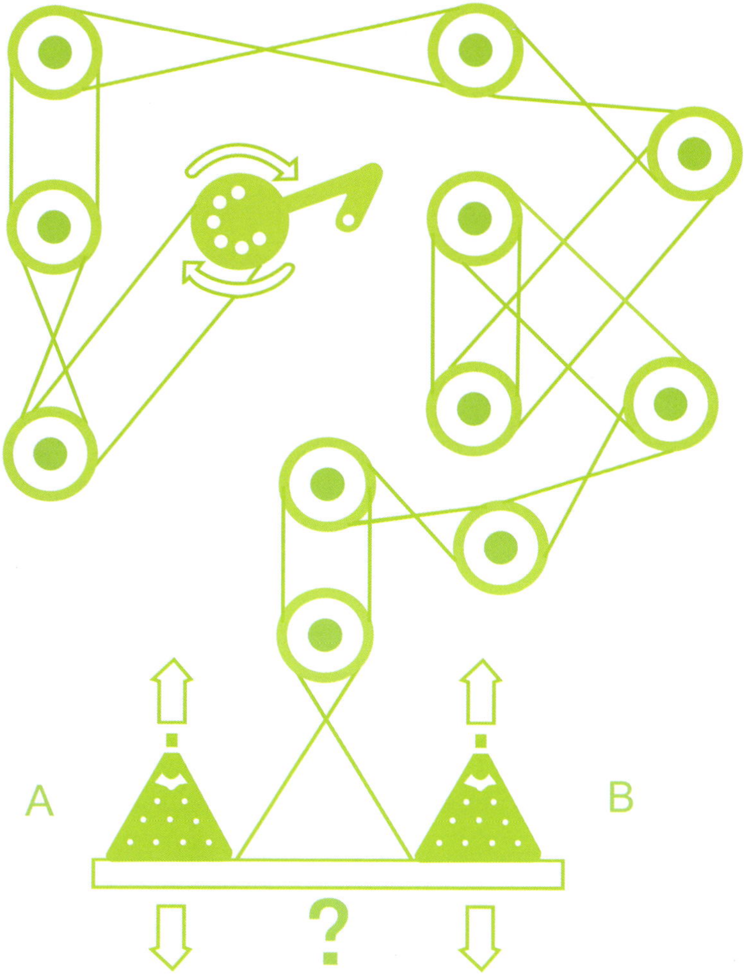

（答案见179页）

第24周

大脑开始有意识了

本周，胎儿的身体变得更大、更丰满，几乎占据了整个子宫腔。面部已大致发育完成，双眼靠近了一些，但仍然紧闭着。

大脑对来自感官的信号开始有意识

此时，胎儿大脑内部的数百万个神经正在发育，并连接成形；神经细胞数量已与成人基本相同；脊髓神经周围开始形成一个鞘，以避免神经受损害。此外，大脑脑电波开始对视觉和听觉系统有反应，大脑开始有意识了。但是和其他所有系统一样，大脑的这种意识还需要更多地锻炼，可以通过多和胎儿说话、唱歌等方式进行锻炼。

棕色脂肪沉积在身体各部分

现在棕色脂肪已经开始沉积在颈部、胸部和大腿两侧，并将一直持续到足月。这种特殊的脂肪组织是为了使身体产生热量、维持体温而产生的。胎儿的骨骼已经相当结实，胎心音变得越来越强。

准妈妈体重明显增加

本周，准妈妈的体重明显增加，肚子大得引人注目，可以感觉到子宫已超过肚脐，达到肚脐往上5厘米的地方。乳房也明显增大、隆起，接近了典型的孕妇体形。从这时起，准妈妈进入非常容易疲劳的阶段。由于长大的子宫压迫各个部位，导致下半身的血液循环不畅，因而格外容易疲劳，并且疲劳感很难消除。同时，由于支撑身体的双腿肌肉疲劳加重，隆起的腹部压迫大腿的静脉，会使腿部出现抽筋或麻木等症状。

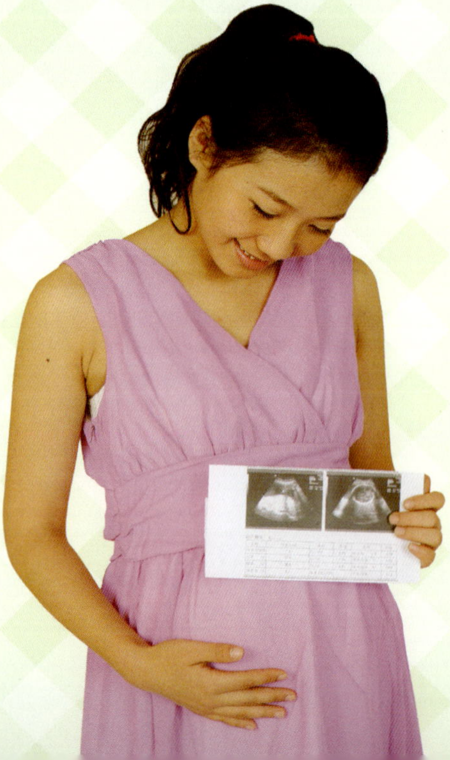

第162天 闪光卡片：胎儿学汉字（2）

和胎儿打个招呼，振奋精神，继续闪光卡片的学习。今天要学的是“心”字，用心学习，用心爱你的胎儿吧！

这个“心”字，它的形状很独特，准妈妈要按照顺序，细心地描摹，告诉胎儿它是怎么写的，仔细体会并将写字的整个过程印在脑海中。然后，联想一下代表这个字的图形，我们之前学过的“心形”还记得是什么样子吗？

还有什么事物能够和“心”联系在一起吗？“爱心卡片”“心心相印”……联想越多越能加深胎儿对这个字的印象。

准妈妈可以通过一些词来强化对“心”字的认识。比如，你可以将手放在“心脏”的位置，感受着心的跳动，然后对胎儿讲：“这个部位就是心脏，我们每个人都有的，它是身体非常关键的一部分。你也有心脏哦，妈妈每次去医院检查都能听到你的小心脏在怦怦地跳动，而且跳得很健康，你在妈妈肚子里也能听到妈妈心脏的跳动。”

虽然这个字很抽象，但是加上这样的讲解，“心”这个字会更鲜明，在你脑海中的印象会更深刻，胎儿也更容易接受。

（第177页答案：A上升，B下降）

第163天 为你读诗：《人生就像旅行》

Life is a journey.
The paths goes left and right.
There is hope and happiness,
Despaire and difficulties.

There are so many choices along the way.
Which one is the best for me?
Each creates a different future.

If I compare myself to others.
It really does' t help.
Their life isn' t mine.
And l have to make up my own mind.

Success or failure may come.
But worrying isn' t the answer.
I just need to enjoy the journey.
And never give up.

人生就像旅行

人生就像旅行
旅途中的小路蜿蜒曲折
路途中会充满希望与快乐
失望与挫折

这条路上会有许多选择
哪一个才是对我最有益处的?
每一个选择都会创造出不一样的未来
如果我将我自己与他人比较
这不会有任何帮助
生活是我自己的
我必须自己做主

成功或失败也许会到来
可担心并不是答案
我只需要享受这旅途
永不放弃

第164天 音乐胎教：《森林水车》

《森林水车》是一首著名的轻音乐曲，它旋律优美而活泼，深受人们喜爱。同时，它也是一首不错的胎教乐曲。

整部乐曲采用回旋曲曲式，音乐开始，随着伴奏模仿出小溪的潺潺流水声和小鸟的鸣叫声，主题慢慢展开，以流畅的旋律描绘了一幅宁静的森林美景。

随后，乐曲进入回旋曲主题，在模仿水车转动的声响后，第一个回旋曲主题以轻快活泼的节奏呈现出来，它使人联想到水车轮飞溅着水花快活旋转的情景。乐曲的第二主题和第三主题同样明快、活跃，最后在愉快而热烈的气氛中结束全曲。

听音乐的时候，准妈妈可以小声告诉胎儿："宝宝，听，这是小溪流水的声音，这是水花飞溅的声音……"保持这样的互动，可以让胎儿更好地欣赏乐曲，刺激胎儿的反应灵敏度，同时激发胎儿愉悦的情绪。

作者简介

理查德·艾伦贝格（1848～1925），德国作曲家，他是现代轻音乐的创始人之一，主要作品是进行曲和舞曲，也有多部喜剧、歌剧及舞剧。艾伦贝格写过的作品很多，只有这首《森林水车》流传最广。据说，艾伦贝格有一次在乡间森林中游玩，听到水车那富有节奏的声音，灵感忽至，于是谱下了这首著名的乐曲。乐曲展现的美丽大自然可以让准妈妈的身心得到放松，并能产生美好的联想，有利于胎儿的健康发育。

第165~166天

睡前故事：《聪明的乌龟》

一只狐狸肚子饿得咕咕叫，正东瞅瞅西瞧瞧地找东西吃。它看见一只青蛙正在捉害虫，心里想：我先拿这只青蛙当点心，填填肚子也好。狐狸小心翼翼地一步一步走过去，再走两步就捉到青蛙了。可是，青蛙正在捉害虫，一点儿也没有察觉到。这一切让乌龟看见了，它急忙伸长脖子，一口咬住狐狸的尾巴，“哎哟，哎哟，谁咬我的尾巴？”狐狸叫了起来。乌龟回答了吗？当然没有，它张嘴说话不就放了狐狸吗？乌龟不说话，一个劲儿地咬住狐狸的尾巴不放。

青蛙听见背后狐狸的叫声，就连蹦带跳地来到池塘边，“扑通”一声跳到水里了。

狐狸没吃到青蛙，气坏了，回过头来一看：“啊，原来是一只乌龟。我没吃到青蛙，吃乌龟也行。”

乌龟可聪明了，把头一缩，缩到自己的硬壳里了。狐狸没咬到它的头，就去咬它的腿，乌龟又把四条腿一缩，缩到硬壳里了。狐狸没咬着它的腿，一看还有条尾巴，就去咬它的尾巴。乌龟再把小尾巴一缩，也缩到硬壳里了。

狐狸实在饿极了，就去咬乌龟的硬壳，“咯嘣，咯嘣”，咬得牙齿都发酸了，还是咬不动。狐狸说：“乌龟，乌龟，我要把你扔到天上去，‘啪嗒’一下摔死你。”乌龟说：“谢谢你，谢谢你，你扔吧，我正想到天上去玩玩呢！”狐狸说：“乌龟，乌龟，我要把你扔到火盆里去，‘呼哧’一下烧死你。”乌龟说：“谢谢你，谢谢你，你扔吧，我身上发冷，正想找个火盆来烤烤火呢！”狐狸说：“乌龟，乌龟，我要把你扔到池塘里去，‘扑通’一下淹死你。”乌龟听到狐狸这么一说，“哇”的一声哭了：“狐狸，狐狸，你行行好，千万别把我扔到池塘里去，我最怕水，掉进水里就没命了！”

狐狸才不理乌龟的央求呢，抓起它的硬壳，走到池塘旁边，“扑通”一声，把乌龟扔到水里去了。

乌龟下了水，就伸出四条腿来，划呀，划呀，一直划到青蛙身边。两个好朋友，一边笑一边说：“狐狸，狐狸，你还想吃我们吗？请呀，请呀！”

狐狸气昏了，身子一纵，向青蛙和乌龟扑去，“扑通”一声掉到池塘里去了。青蛙和乌龟看见水面上冒了一阵气泡，之后就再没看见狐狸浮出水面来。

第167天 孕期扮美：肌肤问题怎样解决

皮肤油腻

孕期面部油脂分泌旺盛的情况会加重，皮肤变得格外油腻，“T”形区域尤甚。

你可以这样做

1.保持皮肤的清洁，使用性质温和的洗面奶，每天多洗几遍脸。

2.每周做两次补水保湿面膜，很多时候肌肤油腻是因为缺少水分。

皮肤干燥

由于孕激素的关系，准妈妈的皮肤可能失去了以往的柔软感而略显粗糙，面部也会很干燥，有些区域甚至会出现脱皮现象，面部的色素沉淀也会增加。

你可以这样做

1.改用婴儿皂或甘油皂洗脸，不要频繁地洗脸，因为皂碱会将皮肤上的天然油脂洗掉。

2.使用能给皮肤补充水分的护肤品，涂抹在干燥区内并轻轻地加以按摩。

3.沐浴时不要使用普通肥皂，可使用不含皂质、pH（氢离子浓度指数）值属中性的沐浴露或婴儿香皂；沐浴后，在全身涂抹润肤油。注意洗澡的时间不宜过长，以免造成皮肤脱水。

面部出现色斑

孕期黑色素代谢缓慢，很多准妈妈的面部可能会长出黑斑，且孕后不易恢复。妊娠中后期，准妈妈皮肤变得敏感，对紫外线抵抗力减弱，皮肤容易被晒黑，面部常出现黄褐斑，额头和双颊也会出现蝴蝶斑。

你可以这样做

1.不要试图去掩盖面部色斑，更不要使用有增白效果的护肤品，那样会破坏皮肤的分子结构，产后更不易恢复。

2.尽量避免刺激，不要化浓妆，外出时一定要涂上防晒霜（油）或带上遮阳伞、遮阳帽。

第168天 准爸爸胎教：应理解准妈妈的情感转移

准妈妈会有情感转移

妊娠期是女性一生中的特殊阶段，由于这个时期的女性心理和生理都发生了极大的变化，这使得准爸爸觉得此时的妻子几乎变成了另外一个人。准妈妈在怀孕后，心理上往往有一种自豪和骄傲感，她会投入整个身心去真切地体验神秘的孕育过程。她几乎将全部情感和精力，都倾注到腹中的小生命上。准妈妈在整个孕期自始至终都在参与和体验着新生命成长的神秘。不过，每个准妈妈的参与和体验是不尽相同的，有些准妈妈的体验更自觉、更强烈，有些准妈妈则处于一种不太自觉的参与和体验之中。

准爸爸要理解准妈妈

许多准爸爸都不太理解准妈妈在怀孕期间出现的“移情”现象。他们不能理解妻子在孕期以及产后的一段时间内，将大部分情感由自己的身上转移到孩子身上。也许准妈妈会忙于为胎儿做胎教、做孕期检查、做孕期运动，而疏忽了对准爸爸的关怀，不像以前那样对准爸爸嘘寒问暖，关心准爸爸的饮食起居，忽略了对准爸爸在工作和生活中的情感关怀。

准妈妈的这种“移情”现象会使准爸爸产生被疏远、被忽视的感觉，久之会影响夫妻感情。这个时候，准爸爸要理解准妈妈在这一时期特殊的情感转变，主动做出一些牺牲，不要对准妈妈过于苛刻，毕竟准妈妈的精力有限。如果准爸爸感到被忽视了，可以主动和准妈妈谈一谈孕期的情感要求，也可以直接告诉准妈妈，不要过于忽视你的感情。

总之，准爸爸要在照顾准妈妈情绪的原则下，多想一些办法来和准妈妈进行感情沟通，共同面对特殊时期的情感变化。

第7个月 多元内容，让胎教更精彩

第25周 胎儿开始长出细细的毛发

进入第25周，胎儿已经整整度过了6个月的时光，长成了一个健壮的小家伙。身体比例很匀称，皮肤仍然薄而皱。胎儿的味蕾正在形成，也许已可以品尝出食物的味道了。胎儿不仅全身覆盖了一层细细的绒毛，而且头发的颜色和质地也有所显现。

大脑发育进入又一个高峰期

这一周，胎儿的大脑细胞迅速增殖分化，体积增大，他的脑电波图像也和足月出生的宝宝相像，同时大脑半球的划分仍在继续。大脑发达起来了，胎儿的动作也越来越频繁，越来越剧烈，准妈妈甚至一整天都能断断续续地感受到胎动。另外，胎儿现在有痛感了。尽管如此，胎儿现在还没有完全具备在母体外生存的适应能力，若在此时出生，往往会因为发育不良而不易存活。

胎儿视觉的发育

胎儿的视觉也有了发展，眼睛已经能够睁开了。

准妈妈腹部愈加沉重

这一周，准妈妈的子宫大约有足球大小，可以感觉到子宫的顶部在肚脐至胸骨的中间。由于胎儿体重增加，准妈妈的腹部愈加沉重，腹部隆起更加明显。有些准妈妈还会发现自己的身体出现了一些暗红色的妊娠纹。

特别提醒

抚摩胎宝宝要注意

这一周，要把抚摩胎教进行下去，但要注意以下几点：

1. 抚摩的时间不宜过长，每天做2～3次，每次5分钟左右。

2. 动作要轻柔，不可用力。

3. 抚摩时，如果遇到胎儿“拳打脚踢”应马上停止，可能预示着宝宝不舒服了。

4. 有习惯性流产、早产史、产前出血及早期宫缩者，不宜进行抚摩胎教。

5. 如果出现了不规律宫缩，不宜再进行抚摩胎教，以免引起早产。

第169天 闪光卡片：胎儿学算术（1）

就像学习数字、图形一样，准妈妈也可以用闪光卡片教胎儿学算术，通过深刻的视觉印象，将知识传递给胎儿。

$$1+1=2$$

“1”和“2”这两个数字在前些时候已经学习过了，在学习算术之前，可以先把这两个数字复习一下，加强胎儿的记忆。最好的学习算术的方法，就是将闪光卡片和实物结合起来。比如，“妈妈手里有一个苹果，然后再从篮子里拿出来一个苹果，现在妈妈手中有几个苹果呢？”准妈妈要把注意力集中在眼前的苹果和算式上，和胎儿一起思考，不要直接回答“两个”。准妈妈可以多用一些实物，多举一些例子，让胎儿的印象更深刻。

第170天

营养胎教：吃些减轻水肿的食物

孕中期以后，水肿可能成为准妈妈身体变化中经常出现的问题。据统计，约有75%的准妈妈在怀孕期间会有水肿发生。水肿不会对胎儿产生不良的影响，等到产后会慢慢自愈，因此不要太担心。孕中后期，适当进食以下食物有助于缓解水肿。

土豆

土豆中含有丰富的无机盐，故钾含量很高，不仅能帮助身体排出因食盐过多而滞留在体内的钠，还能促进身体排出多余的水分，因而有助于消除水肿。

鲫鱼

鲫鱼是一种益脾胃、安五脏、利水祛湿的淡水鱼，有助于消除妊娠水肿。鲫鱼肉是高蛋白、高钙、低脂肪、低钠的食物，经常食用，可改善血液的渗透压，有利于合理调整体内水分的分布，使组织中的水分回流进入血液循环中，从而达到消除水肿的目的。

鲤鱼

鲤鱼有补益、利水的功效，常食可以补益强壮、利水祛湿。鲤鱼肉中含有丰富的优质蛋白质，钠的含量也很低，因此有助于消水肿。

冬瓜

冬瓜具有清热泻火、利水渗湿、清热解暑的功效，可提供丰富的营养素和无机盐，既可泽胎化毒，又可利水消肿。

西瓜

西瓜含有瓜氨酸，瓜氨酸有很好的利尿功效，对消除因怀孕引起的水肿很有效。

第171天 音乐胎教：《糖果仙子舞曲》

《糖果仙子舞曲》是著名芭蕾舞剧《胡桃夹子》中的舞曲，其作者是19世纪俄罗斯作曲家、音乐教育家，被誉“俄罗斯最伟大的音乐家”的柴可夫斯基。

芭蕾舞剧《胡桃夹子》是世界上最优秀的芭蕾舞剧之一，它之所以能吸引千千万万的观众，一方面是由于它有华丽壮观的场面、诙谐有趣的表演，但更重要的是柴可夫斯基的音乐赋予舞剧以强烈的感染力。特别是第二幕的插曲，以西班牙舞代表巧克力，以阿拉伯舞代表咖啡，以中国舞代表茶，生动有趣。而全曲最美妙之处则是《糖果仙子舞曲》中钢片琴的独奏。

芭蕾舞剧《胡桃夹子》描写了这样一个故事：圣诞节，小姑娘玛丽得到了圣诞礼物——一只胡桃夹子。夜晚，她梦到这只胡桃夹子变成了一位王子，领着她的一堆玩具与老鼠兵作战，后来又把她带到果酱山，受到糖果仙子的欢迎，享受了一场玩具、舞蹈和盛宴的快乐。

《糖果仙子舞曲》表现的正是玛丽和王子来到糖果王国后的情节，糖果仙子和所有的角色用各种嬉游性的舞蹈来迎接他们。柴可夫斯基从当时刚刚发明的钢片琴上找到了最适于表现这种糖果带有黏性的音响效果，第一次把钢片琴融入交响乐队中，获得了一种极为可贵的色彩效果。

柴可夫斯基在配乐器时进行了精心设计，把钢片琴作为主奏乐器。因为这种琴的音量比较小，在钢片琴演奏时，除了圆号之外，加上了不常用的英国管和低音单簧管，这种乐器的组合，使乐曲更富于童话色彩。

第172~173天

睡前故事：《寄给蛤蟆的信》

一只蛤蟆坐在门口，青蛙走过来说："蛤蟆，出什么事啦？你好像在发愁呀。"

蛤蟆说："是呀！每次我站在信箱旁边等信，总是很难过。"

青蛙问："那为什么呢？"

蛤蟆说："我从来没有等到过一封信，我的信箱里总是空空的。"

青蛙和蛤蟆一起坐在门口，它们都很难过。后来，青蛙说："我要回家了，蛤蟆，我有点儿事要做。"

青蛙一到家，马上写了一封信，装进信封，信封上写着："蛤蟆（收）"。青蛙跑出屋子，刚好碰见一只蜗牛，就对他说："蜗牛，请你把这封信送到蛤蟆家，放到它的信箱里去，好吗？""行。"蜗牛说，"我这就去。"于是青蛙马上跑到蛤蟆家。蛤蟆正躺在床上睡午觉，青蛙说："蛤蟆，该起床了，快去等信吧。""不！"蛤蟆伸了个懒腰说，"不会有我的信的，我再也不去等了。"青蛙往窗外看了看蛤蟆的信箱，对蛤蟆说："会有的，会有人给你写信的。"

"不，不，不会有的。"蛤蟆说。

青蛙又看看窗外，蜗牛还没有到。它回头又对蛤蟆说："蛤蟆，今天一定会有人来这儿给你送信的。"

"别骗我了，"蛤蟆还是不相信，"从来没有人给我送过信，今天也不会有人来给我送信！"

青蛙又朝窗外看了看，蜗牛还是没到。蛤蟆问："青蛙，你怎么老往窗外看？"

青蛙说："我在等信哪！"

蛤蟆说："别看了，不会有信的。"

青蛙说："不！会有的，一定会有的。告诉你吧，是我给你寄了一封信。"

"你写了些什么？"蛤蟆听了很高兴。

青蛙说："我写着：亲爱的蛤蟆，我有你做我的好朋友，真是幸福！你的好朋友——青蛙。"

蛤蟆跳起来，拍着手说：“喔！那是一封多么好的信啊。”

于是，青蛙和蛤蟆一起，坐在门口等信，它们都非常快乐。等啊等啊，等了整整四天，蜗牛才到了蛤蟆家，带来了青蛙写给蛤蟆的信。蛤蟆读着信，笑得合不拢嘴。

（阿诺特·罗贝尔）

第174天 准爸爸胎教：英语小故事

Let’s play

It’s dark outside, the cat doesn’t want to sleep.
外面已经天黑了，可是小猫不想睡觉。
“Rabbits, rabbits! Let’s play!”
“兔子，兔子！让我们一起玩吧！”
“No, we are sleeping.”
“不，我们要睡觉了。”
“Birds, birds! Let’s play!”
“小鸟，小鸟！让我们一起玩吧！”
“No, we are sleeping.”
“不，我们要睡觉了。”
“Bears, bears! Let’s play!”
“小熊，小熊！让我们一起玩吧！”
“No, we are sleeping.”
“不，我们要睡觉。”
No one wants to play. The cat has to go home and sleep.
没有人想要玩，小猫只好回家去睡了。

A little mouse

It’s a sunny day. A little mouse wants to go out and play.
这是晴朗的一天，一只小老鼠想要去外面玩。
But he is afraid of the cat, so he peeks and peeks.
但是它害怕猫，所以左看看右看看。
He peeks to the left and peeks to the right.
它看了左边，又看右边。
Suddenly, the mummy mouse shouts:
突然，老鼠妈妈叫道：
“Watch out! Watch out! The cat is here , the cat is here.”
“小心！小心！这儿有只猫，这儿有只猫。”

第175天

准爸爸胎教：和准妈妈一起玩成语接龙（1）

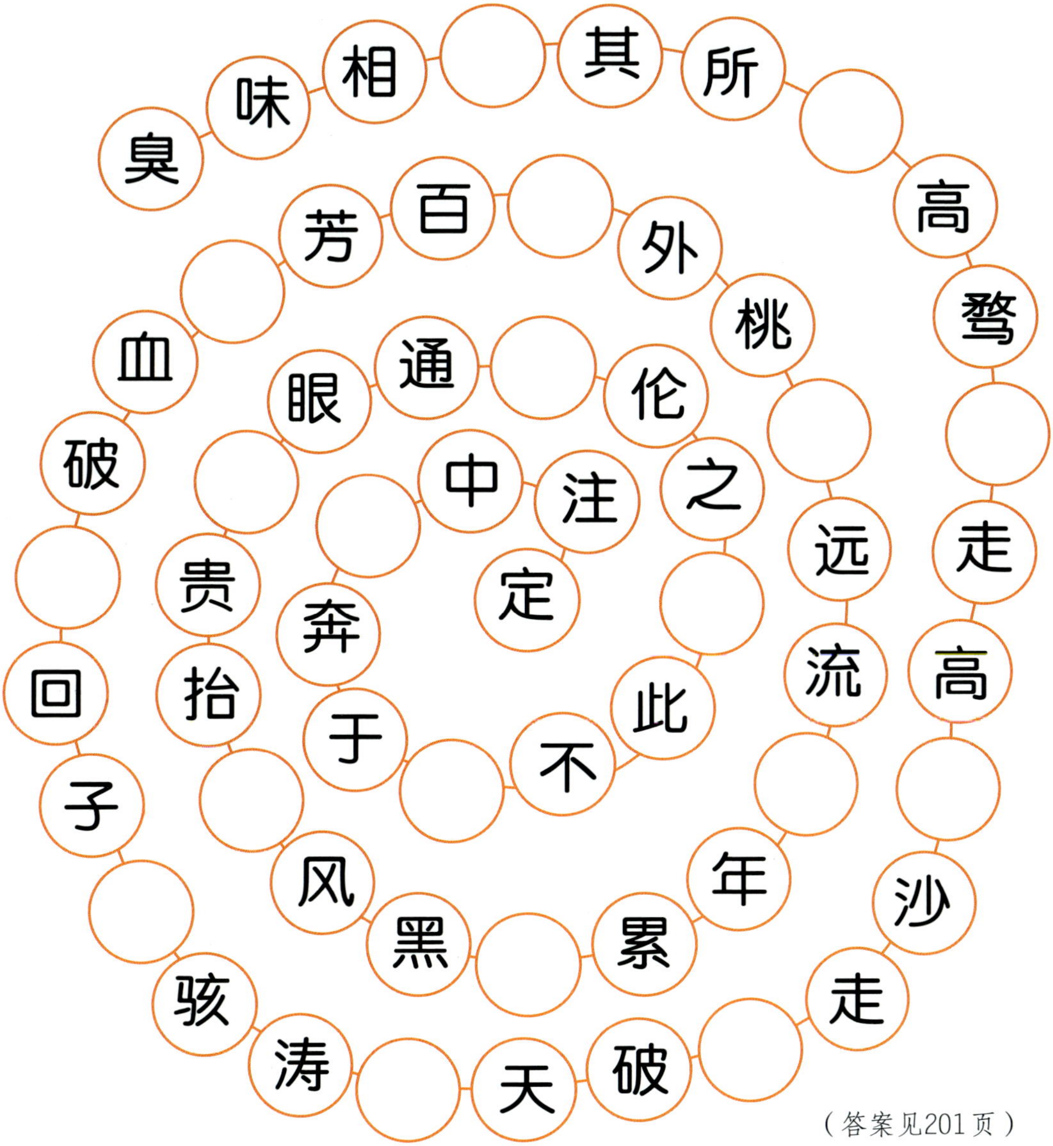

（答案见201页）

第26周

已经学会转身

本周，胎儿的体重将继续增加。从现在开始到出生前，胎儿的脂肪开始迅速累积，体重会增加3倍以上。此时胎儿大脑更加发达，胎动更加有规律，而且多样，胎儿不仅会手舞足蹈，而且还能转身。

听觉器官发育成熟

这一周，胎儿的听觉器官发育成熟，此时耳朵的结构基本上和出生时相同，只有中耳的鼓室与乳突部分要到出生时随着他的哭叫与呼吸才能发育完成。从这一周起，胎儿的耳朵具有了接收声波并将声波的“机械振动能”转换为“神经冲动”的能力，他的传音系统完成，对声音的反应更加灵敏，由声音引起的反应也更强烈。

肺部正在发育

胎儿的肺部也正在发育，开始有了呼吸动作，但是肺部尚未发育完全，只是继续在羊水中小口地呼吸，为出生后第一次呼吸空气打好基础。

准妈妈要均衡饮食，控制体重

均衡饮食不仅是准妈妈和胎儿健康的保证，而且这将对胎儿出生后的饮食习惯起到很好的引导作用。主食粗细搭配，每天要保证一定量的蔬菜、水果。由于胎儿的味觉正在稳步地发挥作用，准妈妈的饮食结构会通过神经在胎儿的大脑里留下深刻的印象，这种印象会左右胎儿出生后对食物的选择和接受程度。

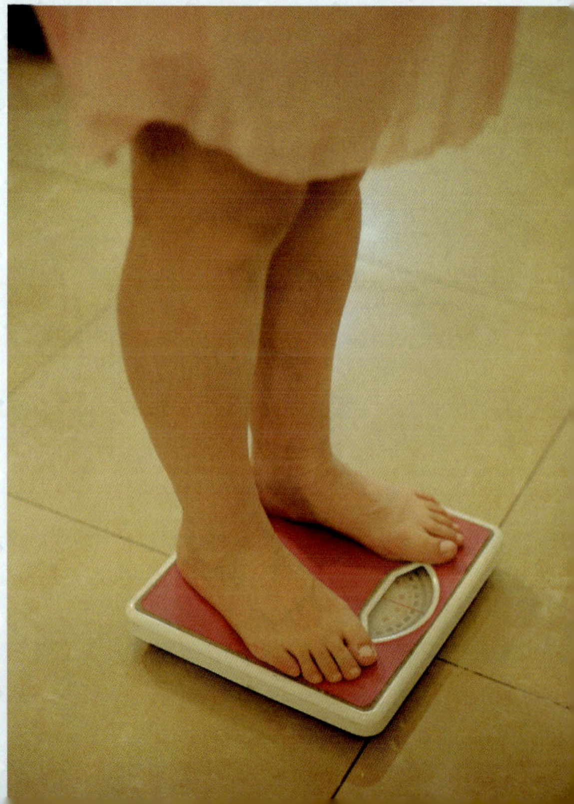

第176天

对话胎儿：你一定要健康

宝贝，你每天在妈妈肚子里动来动去，爸爸说你这么爱动是因为你在自己的“房子”里住得很舒服，兴奋得手舞足蹈。你爱动，说明你健康、快乐，是因为妈妈给你提供的营养充足，妈妈的心情也因此变得很好。在这段孕育你的时光中，妈妈每天都感到很幸福，每天吃着合理搭配、营养丰富的膳食，每天读书、散步、读诗、看笑话、读童话，整个人身心都很健康，很快乐。我要为我的宝宝加油，时刻保持愉快的心情，让我的宝宝健健康康地长大！

以身作则，养成良好习惯

胎儿在母体内会受到准妈妈的言行感化，因此要求准妈妈要怡情养性，端正品行，给胎儿良好的影响。研究发现，宝宝的生活习惯在准妈妈腹内时就受到母亲习惯的影响，而潜移默化地继承下来，这不是哪个人的凭空想象，而是有科学依据的。因此，准妈妈良好的生活习惯、正直善良的品行，不光影响着宝宝在腹中的生活，对他出生后的成长也有着非常重要的作用。

准妈妈尽量不参加紧张、刺激的活动，不看暴力、恐怖的影视剧，以免精神高度紧张刺激到胎儿的大脑发育。准妈妈可以多欣赏优美的音乐，阅读活泼有趣、积极健康的文学作品，到风景秀丽的地方去散步，保持正常的生活规律，避免懒散的生活方式。

言传身教，润物无声

古人认为，妊娠期间，准妈妈要注意约束、检点自己的视听言行，从而对胎儿产生良好的影响，因此要求女性在怀孕时就要怡情养性、恪守礼仪、品行端正，给胎儿以良好的影响。相传周文王的母亲在怀他时，做到了“目不视恶色、耳不听淫声、口不出傲言”，甚至坐立端正等，因此周文王贤明英武，深得民心。由此可见，早在古代，人们就已经懂得了母亲的良好品行对后代的影响。

第177天 准妈妈动动脑：陪胎儿“玩游戏”

准妈妈可以利用一些小游戏来加强母子之间的沟通，如为胎儿设计玩具、与胎儿分享照片等。通过这些小游戏，促进胎儿的大脑发育。

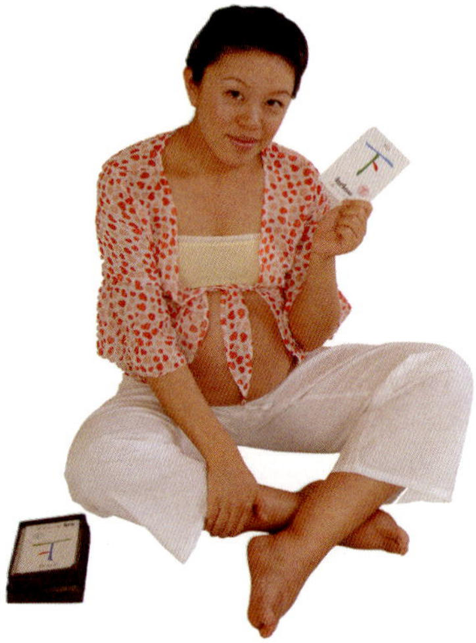

设计玩具

准妈妈可以把用过的信封留下，横剪成一个一个的环，然后在环上画上不同颜色的图案，把它套在手腕上当“手镯”，告诉胎儿，这是妈妈做的“手镯”，是不是很漂亮？这是一个多种感官配合的活动，既有手的动作，又有颜色的感觉、图案的设计等。不仅可以让准妈妈忘却身体的不适和心里的不安，还能培养准妈妈的耐心与爱心，促进胎儿的脑部发育。

分享照片

准妈妈可以一边整理相册，一边回想那些美好的往事，通过看照片将故事说给腹中的胎儿听。准妈妈甚至还可以把怀孕后的点点滴滴拍摄下来讲给胎儿听。如果准妈妈能经常给胎儿描述照片中的美好情节，会将这种美好的情感传递给胎儿，让胎儿感受到妈妈的爱，同时也增进了亲子关系，这对宝宝日后性格的培养具有良好的影响力。

识别图片

准妈妈可以经常教胎儿识别图片，千万不要认为这种做法是毫无意义的，这对激发胎儿的记忆潜能非常有益。

有关专家研究发现，胎儿能记住准妈妈不断重复的动作或语言，所以在孕期不断地激发胎儿的记忆潜能是十分必要的。准妈妈可以找一本有图画的书，随机翻阅，记住几张喜欢的图画，然后再随机地翻阅，看能不能再找到它们。玩几次后，试着与胎儿一起体会游戏的趣味。

第178天

准妈妈动动手：从零开始学彩色铅笔画

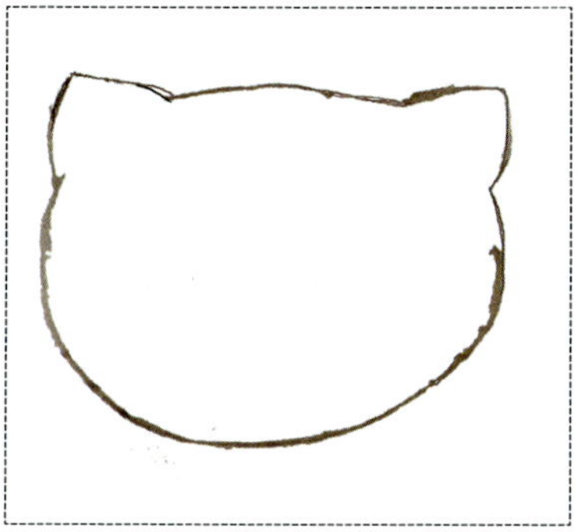

1 用铅笔在素描纸的中间偏上位置画出Kitty的头和耳朵。注意椭圆一定要尽量正，左右两边大体一致。

2 在脸部中间位置画出眼睛，然后画出鼻子和胡须。在它的左耳朵上画蝴蝶结。注意下笔要轻，可以多描几遍。

3 在头部下面画Kitty的身体，身体与头部大概是1：1的比例。

4 可以根据自己的喜好，给Kitty上色。注意彩色铅笔要尽量削尖，在铅笔线内部一遍一遍上色，不要上到外面去。

第179天

准妈妈动动脑：狮子大王为什么不高兴

一只松鼠快乐地在树枝上跳来跳去，一不小心，掉在一只正在树下睡觉的狮子身上。狮子被吵醒了，非常生气地露出可怕的牙齿……小松鼠吓坏了，用发抖的声音请求狮子饶恕他。

狮子说："我饶了你也可以，不过得有个条件。你必须告诉我，为什么你们这些小动物总是这么快乐，我却总也快乐不起来。"

松鼠回答说："好的，我一定告诉您，不过，为了让您听清楚，您得同意让我回到树上去。"狮子同意了。松鼠逃到狮子够不着的地方。松鼠说："狮子大王，你不快乐是因为你吃了太多的小动物，还总是欺负它们，大家都怕你、恨你。而我们，要忙着运送果子，帮助别的小动物，大家都喜欢我们。所以，我们很快乐。"

第180天 音乐胎教：欣赏传统戏剧

提到胎教音乐，准妈妈首先想到的就是古典音乐，其实中国的很多戏曲也是很好的胎教音乐。

中国古典戏曲是中华民族文化的一个重要组成部分，具有博大的内涵，悠长的韵味，以富于艺术魅力的表演形式，深受大众喜爱。从戏剧的形成到现在，经历了800多年繁盛不败，如今已有360多个剧种。

京剧是在北京汇聚、融合、发展而成的戏曲剧种之一，至今已有200年的历史。京剧艺术是中国文化的一朵奇葩，它集唱、念、做、打、舞为一体，通过表演手段叙演故事，刻画人物。舞台上，那清亮脱俗的嗓音和华美考究的服饰将东方艺术的唯美体现得淋漓尽致。唱词里，生、旦、净、末、丑的行当和喜怒哀乐的情感，又为我们讲述了一个又一个动人心弦的故事。

贵妃醉酒

相信很多准妈妈都知道《贵妃醉酒》这个曲目，这是以中国古代四大美人之一杨贵妃为原型而创作的京剧。

《贵妃醉酒》又名《百花亭》，源于乾隆时花部地方戏《醉杨妃》的京剧剧目，该剧经京剧大师梅兰芳倾尽毕生心血精雕细琢，加工点缀，成为梅派经典代表剧目之一。

《贵妃醉酒》讲的是：唐玄宗时，贵妃杨玉环深受宠爱，相约共饮百花亭。但玄宗爽约，玉环久候不至，询问太监高力士，方知玄宗已移驾西宫江妃处，杨玉环怨艾至甚，遂独酌豪饮，宣泄忧烦，终沉醉回宫。

这也是京剧最有名的一出“醉”戏，准妈妈可以从中欣赏到京剧的特色之美。

（第195页答案：㊀投㊀好㊀远㊀飞㊀石㊀惊㊀浪㊀头㊀流㊀世㊀源㊀长㊀月㊀高㊀手㊀天㊀乐㊀疲㊀命）

第181天

睡前故事：《找“帮助”》

一个小女孩想要寻找一个“帮助”，她去问山羊：“山羊爷爷，我要找一个‘帮助’，你能给我吗？”山羊说：“我没有‘帮助’，我们一起去野牛那里找，野牛很强壮，它也许会有‘帮助’。”

小女孩和山羊找到森林里的野牛，问它有没有“帮助”，野牛说：“我没有‘帮助’，我们一起去找猴子，它很聪明，也许会有‘帮助’。”

小女孩和山羊、野牛一起找到聪明的猴子，猴子说：“我也没有‘帮助’。”这时候，暴风雨来了，又打雷又打闪。小女孩吓得发抖。山羊爷爷搂住小女孩，钻到野牛身子下面。猴子摘来许多叶子给大家挡雨。大家紧紧地靠在一起，既不感到害怕，也不感到寒冷。

暴风雨过去了，大家一起送小女孩回家，小女孩高兴地说：“我找到‘帮助’了。”

第182天 准爸爸胎教：陪准妈妈看画展

欣赏画作也是一种胎教

美术欣赏的要点是去看它们的色彩、线条、造型、节奏，由此体会它们所包含的情调和哲理，体验画作带给人们的视觉和精神享受。孕期，准爸爸可以安排时间陪准妈妈一起去艺术馆、美术馆欣赏画展。

艺术的影响是潜移默化的，多看看、多体味对准妈妈和胎儿都有好处。有准爸爸相陪，准妈妈会感受到准爸爸的关爱，心情自然愉快，幸福感大增，对于胎儿当然也会有积极的影响。

在去观展之前，可以预先了解一下正在展示的作品和作者的情况。如果了解到画家创作这些作品的时间、创作背景等基本信息再去观赏，能帮助准妈妈更好地欣赏美术作品，也就能获得更多的感动和收获，胎教也才会更有成效。

欣赏名画时要用心感受

去过几次画展、看了几眼画册并不代表着美育胎教的全部，只有对作品用心了解、反复揣摩，并经常进行鉴赏，准妈妈才能逐步进入更高的欣赏层面，才能产生美的感受和遐想。

贴心照顾准妈妈

在观展的过程中，准爸爸要细心照顾准妈妈，带上一些食物和水，以备不时之需。此外，如果画展上人太多，就不太适合准妈妈参与，应该选择人少的时间段进行参观。

第27周 能够记忆听到的声音

本周，胎儿的身体已经大得快要碰到子宫壁了。现在，他的眼睛已经可以睁开和闭合了，也有了比较原始的睡眠周期，此时他对昼夜的分辨是靠激素来完成的，而且由于有了睡眠周期，他很可能已经会做梦了。

胎儿对声音有了记忆

这一周，胎儿的听觉得到了进一步发展，到下个月他的听觉几乎会完全形成。现在，胎儿已经开始记忆听到的声音了，准妈妈有节奏的心跳声是最先被他记忆存储的声音。

另外，准妈妈的腹壁变得更薄，外界的各种声音都可以传送到胎儿的耳朵里，等到出生时，他其实对这个世界的声音并不陌生了。

胎儿既然有了记忆能力，坚持胎教就显得更为重要，不妨多和胎儿交流，传递良好、积极、健康的信息，并适时穿插一些早教知识，可最大限度地开发胎儿的学习潜能。

准妈妈要关注胎动

由于这时的胎儿会频繁且强有力地踢准妈妈的肚子，在里面上下不停地活动，所以准妈妈对胎儿的感觉会越来越强烈，并且还可以感觉到胎动的次数更多了。如果准妈妈发现胎动次数异常减少，要及时咨询医生。准妈妈这个时期血压会有所上升，不过不用过于担心，这种现象一般都属正常。

由于日渐长大的子宫压迫膈，准妈妈的肺难以完全吸入并呼出空气，有的时候会感觉喘不上气来，这是孕中后期常见的反应，准妈妈不必惊慌，多去空气良好、环境优美的地方散散步，会逐渐适应现在的呼吸状况的。

这一周的音乐胎教，准妈妈不妨听些音色优美悦耳、节奏平和柔缓、令人想象无边的乐曲，如巴赫的《B小调弥撒曲》，舒伯特的小提琴曲《小夜曲》；旋律轻盈明快、酣畅安详、可使心绪稳定的乐曲，如勃拉姆斯的《摇篮曲》，贝多芬的钢琴奏鸣曲《月光》第一乐章；旋律柔美活泼、明朗清新，有助于消除疲惫的乐曲，如维瓦尔第的小提琴协奏曲《四季》中的《春》。

第183天 对话胎儿：听见妈妈说话了吗

现在，宝宝的听力得到进一步发展，可以听到妈妈的心跳声、血流声、肠鸣声和说话声了，妈妈好高兴啊。我的宝宝，妈妈好爱你，你听见了吗？从今天开始，妈妈将给宝宝听更多美妙的音乐，读更多优美的文章和诗歌，让我的宝宝能感受更多的美好，也掌握更多的知识。

你真是个淘气的宝宝

宝宝，我现在对你的感觉越来越清晰了，每天你都要拳打脚踢的，好像在开单人运动会。我就想，你一定是个男孩子吧，这么淘气！有的时候妈妈睡着了，都能感觉到你在翻跟斗、打滚！爸爸说，淘气的孩子多半聪明，希望你是个淘气又聪明的孩子！

妈妈在画你

宝宝，妈妈曾经不止一次在心里描绘过你的样子，有的时候，妈妈情不自禁地拿起笔去画你的样子，可是画出来又和妈妈心里想的不一样，所以妈妈画了很多个你，不知道哪个更像你呢？

准爸爸的睡前问候

宝宝你已经玩儿了一整天了，还没睡觉吗？妈妈已经累了，你也早点睡吧。明天妈妈还要带你去公园散步，晒太阳，爸爸要去上班，努力工作。你听到爸爸对你的睡前问候了吗？亲爱的宝贝，晚安！

每天睡觉前，准爸爸都要记得和胎儿打招呼哦。很多胎儿都喜欢准爸爸低沉的男中音，经常感受爸爸的声音，不但能促进父子感情，还有助于促进胎儿记忆力的发展。

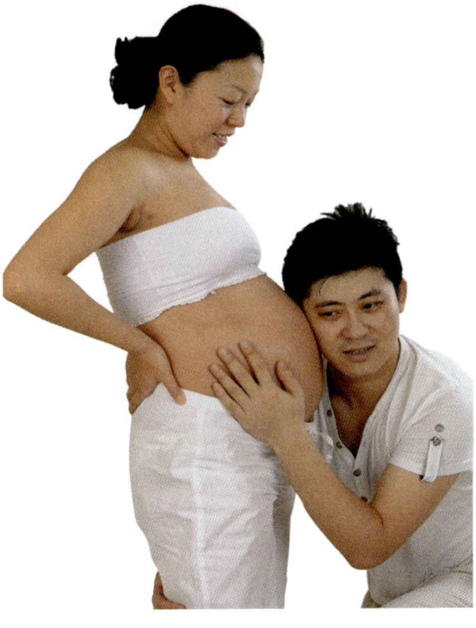

第184～185天

音乐胎教：《四季》

《四季》出自小提琴协奏曲集《和声与创意的尝试》当中的前四首，是意大利作曲家安东尼奥·维瓦尔第于1725年创作的。这四首作品分别被赋上了“春”“夏”“秋”“冬”四个标题，《春》的旋律十分适合准妈妈和胎儿一起欣赏。其中以《春》的第一乐章（快板）最为著名，乐曲着重展开轻快愉悦的旋律，使人联想到春天的郁郁葱葱。

《四季·春》

《四季·春》表现了春天或华丽洒脱或悠闲静谧的景象。你仿佛看到了明媚的春光，听到小鸟的欢唱，感受到微风拂过清泉，转瞬又乌云笼罩、电光闪闪、雷声隆隆。继而是在鲜花盛开的草地上，在簌簌作响的草丛中，牧羊人在歇息，忠实的牧羊犬趴在一旁。忽然又是伴随着乡间风笛欢快的音响，在可爱春天的晴朗天空下，仙女们与牧羊人翩翩起舞……

在音乐声中，准妈妈仿佛能看到这样的情景：大地迎春、鸟儿歌唱、春雷隆隆、春雨沙沙，雨过天晴后，牧羊人在温暖的阳光下打盹……

晴朗的天气，准妈妈还 可以同胎

儿出游踏青，让胎儿感受大自然的魅力。除了景色外，准妈妈还可以有意寻找一下自然界的各种声音，并让胎儿一起聆听，这将为胎儿敏锐的听觉打下良好的基础。

《四季·秋》

维瓦尔第的《四季·秋》描绘了农民们庆祝丰收的欢快景象，是一曲欢快舒畅的田园风乐曲。

维瓦尔第用欢快活泼的曲调描绘了秋天的收获场面：农民们快乐饮酒、庆祝丰收的快活景象。

准妈妈很容易就能感受到那份收获的幸福和喜悦，而胎儿的顺利降生就是准妈妈最幸福的收获。那时候再听这首乐曲，相信更能激起准妈妈的心灵共鸣。

维瓦尔第曾用短诗简单描述每一个乐章的音乐内容，在此准妈妈可以伴着音乐读读这些美妙的诗句，帮助你更好地欣赏这首乐曲。

《四季·秋》的第一乐章：农民们载歌载舞喜庆丰收，畅饮美酒纵情欢乐。

《四季·秋》的第二乐章：大地充满了欢乐，秋高气爽，诱人入眠。

《四季·秋》的第三乐章：晨曦初露，猎人们披挂号角与猎枪，手牵猎狗走出家门。猎枪鸣响，猎狗狂吠，惊恐的野兽纷纷逃遁。

准妈妈可以在秋天去田野中、麦田里感受一下秋风。“哗啦、哗啦”是跳动在人们收获后欢歌笑语中愉快的节奏，准妈妈可以将这份喜悦传递给腹中的胎儿，让胎儿在秋天里感受收获的美好。

作者简介

安东尼奥·维瓦尔第（1678～1741），意大利作曲家、小提琴家，他的小提琴协奏曲《四季》是巴洛克音乐最重要的代表作之一，而巴洛克音乐非常注重音乐形式上的表现和创造，特别能让准妈妈达到宁静、赏心和抒怀的境界，是最合适不过的胎教音乐。

第186天

睡前故事：《雪花》

一片、两片、三片……一片片的白花花从天上飘下来。

白花花飘呀，飘呀，不一会儿工夫，大树上、屋顶上、大地上都盖满了一层白色。

小黄狗从屋子里跑出来，点点头说：“汪汪汪，下糖啦，下糖啦，大家快来看呀！”

小花猫从屋子里跑出来，摇了摇尾巴说：“喵喵喵，下盐啦，下盐啦，大家快来看呀！”

小黄狗说：“汪汪汪，不是盐，是糖！”

小花猫说：“喵喵喵，不是糖，是盐！”

说着说着，小花猫和小黄狗就“喵喵喵”“汪汪汪”地争吵了起来：小花猫说是盐，小黄狗说是糖。

老母鸡听见了，就一步一摇地走过来，拍拍翅膀说：“咕咕咕，你说是盐，它说是糖。是盐？是糖？让我尝一尝。”

老母鸡说着，就用嘴一啄一啄……从地上啄了些白花花尝了尝，睁圆了眼睛，伸了伸脖子说：“咕咕咕，不是糖，不是盐，不甜也不咸，吃在嘴里冰冰凉！”

这时候，一个小男孩和一个小女孩从屋子里走出来，他们都穿着棉衣，戴着棉帽，穿着棉鞋。他们手拉手地跑到院子里，乐呵呵地对小黄狗、小花猫和老母鸡说：“雪下得这么厚了，我们大家一来堆雪人吧！”

第187天

准爸爸胎教：说一说绕口令（2）

跟准爸爸一起读读好玩的绕口令，读着读着就很容易笑起来了，下面继续来学绕口令吧。

老龙和老农

老龙恼怒闹老农，
老农恼怒闹老龙。
农恼龙怒农更恼，
龙恼农怒龙怕农。

庙里住着俩老道

高高山上有座庙，
庙里住着俩老道，
一个年纪老，
一个年纪小。
庙前长着许多草，
有时候老老道煎药，
小老道采药，
有时候小老道煎药，
老老道采药。

师父四十四

山里有个寺，山外有个市，
弟子三十三，师父四十四。
三十三的弟子在寺里练写字，
四十四的师父到市里去办事。
三十三的弟子用了四十四小时，
四十四的师父走了三十三里地。
走了三十三里地就办了四十四件事，
用了四十四小时才写了三十三个字。

石、斯、施、史四老师

石、斯、施、史四老师，天天和我在一起。
石老师教我大公无私，斯老师给我精神食粮，
施老师叫我遇事三思，史老师送我知识钥匙。
我感谢石、斯、施、史四老师。

第188天 营养胎教：远离影响胎儿大脑发育的食物

过咸的食物

过咸的食物不但会引起高血压、动脉硬化等疾病，而且还会损伤动脉血管，影响脑组织的血液供应，造成脑细胞缺血缺氧，导致记忆力下降、智力迟钝。所以，准妈妈的饮食应以清淡为主，远离咸菜、咸肉、腌肉、豆瓣酱等过咸的食物。

含味精多的食物

医学研究表明，准妈妈如果在妊娠后期食用味精过多，会引起胎儿缺锌；周岁以内的宝宝食用味精过多，有引起脑细胞坏死的可能。世界卫生组织提出，成人每天摄入味精量不得超过4克，孕妇和周岁以内的宝宝禁食味精。

含过氧化脂质的食物

过氧化脂质会导致大脑早衰或痴呆，直接有损于大脑的发育。腊肉、熏鱼等这类曾在200℃以上油温状态下煎炸或暴晒的食物中含有较多的过氧化脂质，准妈妈尽量不要食用。

含铅食物

铅是脑细胞的一大“杀手”，医学研究表明，铅会杀死脑细胞，损伤大脑。爆米花、松花蛋、油炸薯条、罐头食品等食物中含铅较多，准妈妈应禁食。

含铝食物

世界卫生组织提出，人体每天铝的摄入量不应超过60毫克，如果每天吃50克以上的油条便会超过这个摄入量，会导致记忆力下降、思维能力迟钝。所以，准妈妈不宜吃油条。此外，还应注意不要使用铝锅炒菜，不用铝壶烧开水。

第189天

准爸爸胎教：对对碰

都说“一孕傻三年”。准妈妈在孕期一定不要过于慵懒，让头脑过于放松，还是需要时常锻炼一下脑力的。富有韵律的问答，是准妈妈和准爸爸的甜蜜互动游戏。准爸爸来问，考一考准妈妈的反应能力。

（一）

一边多，一边少，一支铅笔一把刀。
一个大，一个小，一个西瓜一颗枣。
一边大，一边小，一头肥猪一只猫。
一边多，一边少，一群大雁一只鸟。
一个大，一个小，一棵大树一根草。
一边跳，一边唱，大小多少记得牢。

（二）

什么弯弯在天上？
月亮弯弯在天上。
什么弯弯在两边？
牛角弯弯在两边。
什么弯弯在脸上？
眉眼弯弯在脸上。
什么弯弯在河边？
杨柳弯弯在河边。

第28周

胎儿的性格已有所显现，胎动开始减弱

本周，胎儿几乎占据了整个子宫。随着活动空间越来越小，胎动也在减弱。胎儿大脑活动在27周时非常活跃，大脑皮层表面开始出现特有的沟回，脑组织快速地增长。除此之外，胎儿在这时已经长出了头发。

内脏形状和机能与成人相似

现在，胎儿的内脏发育已经比较完善，通过B超检查心脏时，可以看到四个腔室，观察肺部时，可以看到横膈膜移动的样子，这是胎儿正在练习做一呼一吸的类似呼吸运动。这一周，他的眼睛已经可以开合自如了，脂肪层在继续积累。

胎动可以反映胎儿的性格

胎儿的性格在此时已有所显现，我们可以通过胎儿的胎动来了解其性格状况。不同的准妈妈对胎动的感受不尽相同，如果感觉胎动特别有规律，那么胎儿可能比较文静；如果感觉胎动频繁且没有什么规律，胎儿可能相对活泼好动，有的甚至非常淘气、调皮。

胎儿已具备多种令人惊异的感觉能力，比如味觉、听觉等，具有意识的初步形态，这些都是胎儿人格形成的基础。

准妈妈的体重增长是否正常

怀孕28周后体重大约每周可增长500克，如果连续数周不增重，表明胎儿生长发育缓慢，可能是准妈妈的不良饮食习惯所造成。

孕期体重增长过多、过快对准妈妈和胎宝宝都没有好处。体重增加超过平均值50%的准妈妈易诱发妊娠高血压疾病、妊娠糖尿病、生殖和泌尿系统感染。所怀的胎宝宝往往过大。胎宝宝过大容易出现宫内缺氧、胎位不正、早破水、难产等问题，导致准妈妈产道损伤、伤口愈合不良、新生儿产伤等情况，胎宝宝和新生儿的死亡率也明显增加。准妈妈如果孕期体重增长过多，分娩后体形也难以恢复。

第190天 闪光卡片：胎儿学数字（3）

今天我们要学习数字“3”了

把“3”的形状和颜色从卡片上印入脑海里，手里拿着卡片认真地看，自由地联想。

准确清晰地读出这个数字“3”，用手指描摹这个数字，反复多次，然后展开想象：“3”的形状像什么呢？一只小耳朵、漂亮的门把手、蝴蝶的一扇翅膀、一块数字饼干……在房间里找找，或者闭上眼睛仔细想想，把能想到的都在脑海里细致地刻画出来。

生活中什么事物常以“3”的形式出现呢？对了，宝宝、妈妈、爸爸，就是一个幸福的三口之家！

数字歌

一二三，爬大山，

四五六，翻筋斗，

七八九，拍皮球，

伸出两只手，十个手指头。

第191天 给胎儿一个七彩斑斓的世界

色彩对人的影响

色彩能影响人的精神和情绪，同样也能影响到准妈妈和胎儿。利用色彩的能量可以改变准妈妈和胎儿的生活，让生活更加美好。色彩作为一种外界的刺激，通过人的视觉带来不同的感受，对人产生某种精神作用。准妈妈精神上的愉悦或忧郁，常与色彩的视觉感受有直接的关系。可以说，舒服的色彩同乐音一样，会令准妈妈有一种美的享受。一般来说，红色使人激动、兴奋，能鼓舞人们的斗志；黄色明快、灿烂，使人感到温暖；绿色清新、宁静，能让人感觉神清气爽；蓝色给人的印象是宁静、凉爽；白色使人感到干净、明快；粉红色和嫩绿色看上去使人充满活力。

准妈妈的色彩胎教

许多准妈妈由于阴血聚以养胎，易产生阴血虚、阳气盛的体质，往往会令准妈妈变得火气大、烦躁易怒，所以要有意识地让准妈妈接触一些偏冷的色彩，如绿色、蓝色、白色等，以帮助准妈妈调节情绪，保持宁静的胎教环境，使腹内的胎儿也随之平和地健康成长。孕期不宜多接触红、黑、灰等色彩，以免产生烦躁、恐惧及悲伤的情绪，进而影响胎儿的健康成长。

教胎儿认识色彩

准妈妈可以用彩色铅笔、水彩笔绘制一些简单的图形，然后分别涂上不同的颜色，轻轻地告诉胎儿：“宝宝，这是颜色，这是蓝色……”准妈妈还可以感受一下衣、食、住、行等方面的色彩，利用色彩搭配来提高自己的生活品位，获得色彩搭配带来的美好享受，同时对胎儿也是一种教育。

第192天 和大宝一起玩：找出画中的草莓

第193天

准妈妈动动手：树叶画

秋天来了，树叶变成金黄色，看上去别有一番韵味。在天气好的时候，准妈妈可以去附近的公园，捡拾一些好看的树叶，用它们做一幅美丽的画。

把树叶平铺在桌上，挤出一些水彩颜料，根据树叶的具体颜色，可以选择黄、绿色；选择稍微粗一些的毛笔，沾湿后，浸一些颜料，涂抹在树叶上；颜料不宜太浓，水分大一些为宜。

准备一张水彩纸，将涂抹好颜料的树叶反扣在纸上，均匀地按平，拿掉树叶，一幅写意的树叶画就完成了。

第194天

为你读诗：《希望》

我从山中来，带得兰花草。
种在小园中，希望花开好。
一日望一回，望到花时过。
急坏看花人，苞也无一个。
眼看秋天到，移花供在家。
明年春风回，祝汝满盆花。

作者简介：胡适（1891~1962），著名思想家、哲学家。

第195天 音乐胎教：《查尔达什舞曲》

《查尔达什舞曲》是维托里奥·蒙蒂最著名的小提琴曲之一，也是最能体现小提琴演奏技法的曲子。准妈妈可以从此曲中欣赏到小提琴所演绎的完美音乐。

这首乐曲的旋律像一个舞动的精灵，时而冲上云霄与仙子共舞，时而潜入海底进入华丽的宫殿；时而温柔低语，时而上下盘旋翻飞，令人兴奋不已。

最后一段，经过小提琴泛音再现甜美的主题旋律，形成一种幽谷回声的动人效果，会将准妈妈带入欢乐而奔放的气氛中。

查尔达什是匈牙利民间的一种舞蹈，它起源于吉卜赛人的舞蹈，是农民聚会时跳的一种对舞，后来在匈牙利各阶层广泛流传。准妈妈可以闭上眼睛想象在广阔的田野上，人们热情舞动的场面：男伴双手扶着女伴腰部，女伴双手搭在男伴肩上，然后双脚交替向两侧滑步，色彩艳丽的服装以及人们欢快的表情，都能带给准妈妈愉悦的心情。

听这首乐曲时，准爸爸和准妈妈可以放松一些，和着乐曲的节拍，准爸爸双手扶住准妈妈的腰部，准妈妈双手搭在准爸爸的肩上，想象着在广阔的田野上，蓝天白云下，一起跳起舞来，该是多么美好、多么快乐的时光！

蒙蒂和他的音乐

维托里奥·蒙蒂，意大利作曲家、小提琴家，他的作品有舞剧、轻歌剧和器乐小品等，其中最为著名的有小提琴曲《查尔达什舞曲》和《爱之晨曲》。维托里奥·蒙蒂从早年入学学习小提琴和作曲开始，就从未放弃过创作。在他的不懈努力下，终于创作出知名作品《查尔达什舞曲》并广泛流传。

第196天

准爸爸胎教：预防准妈妈孕期抑郁症

据有关专家调查，有将近10%的女性在孕期会有不同程度的抑郁。孕期抑郁症会使准妈妈照料自己和胎儿的能力受到影响，并在产后给婴儿带来不良后果。准爸爸在调整准妈妈的情绪方面有着重要作用，及时对准妈妈给予理解和安慰，会使准妈妈感到极大的心理满足，精神不再紧张，从而有利于腹中胎儿的成长。

准爸爸平时要多关注准妈妈情绪上的变化，多交流、沟通，引导准妈妈把内心的焦虑和烦恼说出来，以乐观、积极的心态化解准妈妈的不良情绪。在条件允许的情况下，经常带准妈妈出去郊游、参加朋友聚会、去一些准妈妈心仪的餐厅就餐、购买一些婴儿物品及育儿书籍等，充实准妈妈的孕期生活，从而避免准妈妈产生抑郁情绪。

今天，准妈妈和准爸爸一起来欣赏一幅儿童画吧，在孩子的视野里，世界是五彩斑斓的，太阳公公永远都是红红火火、笑眯眯的，动物们和谐相处，尽情玩耍。

准妈妈看到这样的画面，心情一定大好。夫妻二人还可以畅想一下将来自己的宝宝长大了，会画出怎样的图画。

第8个月 准妈妈和胎儿一起学习成长

第29周

可以独立存活的小宝宝

这一周，胎儿的肌肉和肺部正在趋向成熟，皮下脂肪也初步形成，看上去圆润多了，不再像个皱巴巴的小老头儿。胎儿有了一定的生存能力，他的身体已经可以在良好的条件下独立存活。

头部继续增大

胎儿现在对外界的刺激反应更为明显，头部随着大脑的发育还在增大，他的大脑中正在生成着数十亿个神经元，相对全身其他部位，头部还比较重。

各器官发育趋向成熟

胎儿皮肤的触觉已发育完全，有冷热感；能觉察明暗变化，对外界的刺激会做出不同的反应，眼珠可以在眼眶里转动；肺、肾、胃等重要器官已发育完成，但各脏器的功能还不健全。

好动的胎儿

现在胎儿的活动空间越来越小，但他还是比较好动，能够在子宫里不停地变换体位，有时头朝上，有时头朝下。

由于对声音已具有分辨能力，胎儿对不同的声音会产生不同的反应，并引起心率的变化，这时，胎动是判断胎儿健康状况的重要标志。

准妈妈要注意孕晚期不适

准妈妈的内脏被增大的子宫挤压，同时由于宝宝体积的增大，准妈妈可以注意到胎儿更细微的动作。准妈妈便秘、背部不适、腿肿及呼吸的状况可能会加重。正确的姿势、良好的营养及适当的锻炼和休息将会改善这些问题。

特别提醒

准妈妈散步时要注意：

1. 不要超过你的锻炼需要。在怀孕期间，散步的目的是维持身体所需要的锻炼水平，而不是与其比赛，超出身体能够承载的范围。

2. 天气特别炎热的时候，不要出去散步。

3. 听从身体的指挥。这不是在测试你的身体极限，散步运动要适度，口渴、疲劳或者头晕都会对胎儿不利。

第197天 对话胎教也要讲技巧

语调缓慢清晰

传递给胎儿的声音通过羊水后往往有些模糊不清，因此在对胎儿说话时，声音要适当大一些，吐字要清楚一些，停顿要长一些，语速要慢一些。

心情轻松愉快

对胎儿说话时，保持轻松愉悦的心情是非常重要的。准妈妈自己不要觉得有负担，情绪上保持愉悦很重要。如果准妈妈总有“真烦呀”等抵触情绪，无形中就会成为一种压力，而这种压力也往往会传递给胎儿。因此，准妈妈自己要保持轻松愉快的心情，如果能把它当作一种享受，就再好不过了。

简化并重复短句

在进行语言胎教时，准爸妈最好能将针对日常生活内容和表达感情的话语简化，如“宝宝，我们吃饭”“饭好香”“宝宝，我们很爱你！”等，然后反复对胎儿讲，以加深胎儿对这些话的印象，促进他的记忆力和理解力的增强。

持之以恒地进行

胎教不可“三天打鱼，两天晒网”。对胎儿说话，持之以恒很重要。每次的时间短一些也不要紧，但要尽量坚持每天进行一次，时间一长，准妈妈会发现，胎儿会做出回应的。准妈妈只要坚持为腹中胎儿奉献爱心，定会培育出聪明、健康的好宝宝。

第198天

营养胎教：防止营养过剩造成胎儿过重

营养能满足需要就够了

大多数准妈妈都是健康的，只要补充身体所需的食物和营养即可，大量进补是完全不必要的。而对那些身体欠佳的准妈妈来说，也不要盲目乱补，应在医生指导下，有针对性地补充营养。

营养过剩对准妈妈和胎儿都不利

准妈妈摄入营养过多，会使多余的热能转变为脂肪，堆积在体内，造成肥胖。而肥胖是与高血压、心血管病、高血脂、高胆固醇血症和糖尿病密切相关的，是许多疾病的高危诱因。

另一方面，过多的营养还可使胎儿生长发育加速，成为体重大于4千克的巨大儿，分娩时容易出现危险。

少食多餐，营养有保证

既要保证营养需求，又不能摄入过多营养，在饮食安排上可采取少食多餐的方式。可将一天的总量分成5～6顿进食，均衡摄取各种营养素，不能大鱼大肉过量进补，这样既能防止胎儿发育迟缓，又可避免胎儿发育过大。

养成良好的饮食习惯

控制进食量，每餐不要吃得过饱；食物品种要多样化，多吃一些新鲜绿色蔬菜、豆类和动物性食品等，少食高盐、高糖及刺激性食物；烹饪应遵循少煎、炸，多蒸、煮的原则。

准妈妈多吃玉米好处多

玉米胚芽所含的营养物质有增强人体新陈代谢，调节胎儿神经系统的功能，对胎儿的发育极其有利，还能使皮肤细腻、光滑，帮助准妈妈缓解皱纹的产生。鲜玉米中的胡萝卜素，可以防治干眼症、气管炎、皮肤干燥及神经麻痹。玉米中的维生素E还可以延缓细胞衰老，降低血清胆固醇，让准妈妈保持健康、漂亮。鲜玉米中丰富的膳食纤维，能防止胆结石的形成，降低血中胆固醇的浓度，避免血脂异常，还可减少胃肠疾病的发生。

第199天

音乐胎教：《自新大陆》

《自新大陆》虽然描写的是作者在新大陆（美国）的生活感受，但思乡之情却随着音乐奔泻而出，全曲表达了深邃的意境、鲜明的民族色彩、活泼开朗的波西米亚风格，加入乐观高昂的旋律也让准妈妈感受到一种生命的活力。

乐曲的第二乐章是整部交响曲中最为有名的，经常被单独演奏。这充满无限乡愁的美丽旋律，曾被后人填上歌词，改编成为一首名叫《恋故乡》的歌曲，并在美国广泛流传，家喻户晓。

准妈妈可以重复听同一首或几首乐曲。要知道，胎儿喜欢重复的刺激，因此他更喜欢熟悉的东西。在将来的某一天，准妈妈会惊奇地发现一个有趣的现象——当胎儿听到你为他唱一首熟悉的歌，或是听一首熟悉的乐曲时，他会轻轻地蠕动；宝宝出生长大后，也会对在胎内听到过的音乐和旋律有所反应。

德沃夏克和他的音乐

德沃夏克，19世纪捷克最伟大的作曲家之一，捷克民族乐派的主要代表人物。德沃夏克的作品不仅具有民族质朴和豪放的节奏、沉郁的韵律、自然而诚实的表情、高超的管弦乐技巧，还带有强烈的浪漫热情，深受人们喜爱。相信准妈妈和胎儿也会陶醉在他的音乐中。《自新大陆》是德沃夏克最著名的一首交响乐作品，是他在四年旅美生活期间所创作的。

第200~201天 睡前故事：《盘古开天辟地》

在遥远的上古时代，宇宙好像一个硕大无比的球体，里面漆黑一片，没有东南西北，也没有前后左右。就在这样的世界中，诞生了一位伟大的英雄，他的名字叫盘古。

盘古沉睡一万八千多年后，终于苏醒过来。面对眼前的黑暗世界，他操起一把巨大而锋利的斧头，使出浑身气力，大吼一声，奋力挥舞开来。

“哗啦啦——”一阵巨响过后，“大球”中一股清新的气体散发开来，飞扬到高处，变成天空；另外一些混浊的东西缓缓下沉，变成大地。天空高远，大地辽阔。但盘古没有被胜利冲昏头脑，他担心天地会重新合在一起，于是叉开双脚，稳稳地踩在地上，双臂高举，顶住天空，然后施展法术，让身体一天天地增高。每当盘古的身体长高一尺，天空就随之增高一尺，大地也向下增厚一尺；每当盘古的身体长高一丈，天空就随之增高一丈，大地也向下增厚一丈。

经过一万八千多年的努力，盘古变成一位顶天立地的巨人，而天空也升得高不可及，大地变得厚实无比。不知又过了多少年，最终天不能再高了，地也不能再厚了。这时，盘古已耗尽全身力气，他缓缓睁开双眼，满怀深情地望了望自己亲手开辟的天地，从此，天地间的万物再也不会生活在黑暗中。盘古长长地舒了一口气，慢慢地躺在地上，闭上了沉重的眼皮。

伟大的英雄虽然倒下了，但他并没有消失：他的左眼变成太阳，照耀大地；右眼变成皎洁的月亮，给夜晚带来光明；他的头变成三山五岳，给大地以雄壮；他的四肢变成擎天之柱，使人们不再担心天地重合；他的鲜血变成江河湖海，奔腾不息；他的肌肉变成千里沃野，供万物生存；他的毛发变成树木花草，供人们欣赏；他的牙齿变成石头和金属，供人们使用；他的精髓变成明亮的珍珠，供人们收藏；他的汗水变成雨露，滋润禾苗；他呼出的空气变成轻风和白云，汇成美丽的人间风光。

第202天

准妈妈动动手：戴草帽的小绅士

马上就要见到宝宝了，准妈妈不如利用最后的闲暇时光为即将出生的小宝宝做个小礼物吧！下面就一起来学做手工——戴草帽的小绅士，相信小宝宝一定会喜欢的。

1. 找一个乳酸菌饮料瓶。

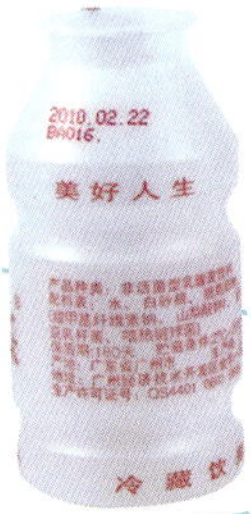

2. 剪两条宽窄不同的长方形彩纸。宽的一条粘在瓶身中间，窄的一条粘在下边。

3. 依瓶口的大小剪两条彩纸，一条彩纸粘在另一条的下边，然后整个围成一个圆筒状并粘好。把圆筒的下半部彩条用剪刀剪出垂直的窄条，如图套在瓶口上。

4. 在瓶身上部画一个小笑脸，再在粘好的彩纸上画上领结和扣子，给顶部的帽子粘上装饰彩条。一个笑容满面的小绅士就站在你面前了。

第203天 准爸爸胎教：英语小幽默

A Good Boy

Little Robert asked his mother for two cents.

"What did you do with the money I gave you yesterday?"

"I gave it to a poor old woman." he answered.

"You're a good boy," said the mother proudly, "Here are two cents more.But why are you so interested in the old woman?" "She is the one who sells the candy."

小罗伯特向妈妈要两分钱。

“昨天给你的钱干什么了?”

“我给了一个可怜的老太太。”他回答说。

“你真是个好孩子，”妈妈骄傲地说，“再给你两分钱。可你为什么对那位老太太那么感兴趣呢?”

“她是个卖糖果的。”

Drunk

One day, a father and his little son were going home. At this age, the boy was interested in all kinds of things and was always asking questions.Now, he asked, "What's the meaning of the word 'Drunk', dad?" "Well, my son," his father replied, "look, there are standing two policemen. If I regard the two policemen as four, then I am drunk." "But, dad," the boy said, "there's only ONE policeman!"

一天，父亲与小儿子一道回家。这个孩子正处于对什么事都很感兴趣的年龄，老是有提不完的问题。他向父亲发问道：“爸爸，‘醉’这个字是什么意思?”“唔，孩子，”父亲回答说，“你瞧那儿站着两个警察。如果我把他们看成了四个，那么就说明我醉了。”“可是，爸爸，”孩子说，“那儿只有一个警察呀!”

第30周 胎儿听力已很发达

这时，胎儿的听觉器官已经大致发育完成，经过过去几个月的训练，他应该已经非常熟悉准爸爸准妈妈的声音了。另外，由于子宫里无法呼吸到空气，所以胎儿的嗅觉器官要到出生后才能发挥作用。

羊水开始减少

本周，胎儿皮下脂肪继续增加。由于胎儿体型变大，子宫的空间显得越来越小，羊水也有所减少。胎儿头部还在增大，大脑和神经系统已经比较发达，发育的大脑向颅骨外推，同时也折叠形成更多的沟、回。

感觉器官正稳定地发挥作用

胎儿能记住来自感觉器官的信息，并且感觉器官正准备处理这些信息。他的眼睛开始闭合自如，大概能够看到子宫中的景象；虹膜开始对光线的亮度有所反应，在模糊的光线环境中睁开眼睛，在明亮的光线环境下闭上眼睛，这就是瞳孔反射。

主要器官初步发育完成

胎儿的位置已相对较固定了，不像以前一直自由转动。胎儿的主要器官已初步发育完毕，胃、肠、肾等的功能已达到出生后的水平，覆盖在皮肤上的细绒毛已消失，被胎脂取代，眼球表面的薄膜被眼睛吸收。

准妈妈要关注胎位

本周要注意的首要问题就是“胎位”。孕晚期胎儿在子宫内的正常姿势应该是头部朝下臀部朝上，以使分娩时头部先娩出。胎位正常与否十分重要，它关系到分娩能否顺利进行。孕28周前胎儿尚小，羊水相对较多，即使胎位不正大多也能自行转正，但若在孕30周后仍胎位不正，就要在医生的指导下进行自我矫正。

第204天 闪光卡片：胎儿学算术（2）

现在这个阶段，准妈妈和胎儿的身体都已经非常稳定，是胎教最为有效的时期。今天，让我们继续学习一个算式吧。

$$2+1=3$$

“1”“2”“3”这3个数字都已经熟悉了，那么它们之间有着怎样的联系呢？准妈妈要和胎儿一起思考，一起想象。

还是将实物与卡片联系起来，可以用身边的小物件举例，也可以用自己的手指示意。先伸出2根手指，“这是2根手指，妈妈再伸出1根手指，现在是几根手指？”准妈妈可以一边数，一边回答：“1、2、3，现在是3根手指了。”还可以让准爸爸参与进来，对胎儿说，“这是爸爸，这是妈妈，我们是2个人，再加上宝宝，我们就是3个人啦！”

第205天

音乐胎教：《云雀》

人类是大自然的杰作，大自然是人类的母亲。在孕期准妈妈会更向往大自然的美好，因为大自然中有纯净的氧气，会给准妈妈和胎儿带来更好的心情，也会促进胎儿的健康成长。现在，就来听听这首《云雀》，想象漫步在大自然中的情景吧！

这首乐曲欢快流畅，婉转动听，听起来十分愉快，孕期可以多听这首乐曲，这对于培养胎儿的音乐感觉是很有帮助的。听之前，不妨打开窗子，呼吸着新鲜空气，想象你和宝宝正置身于一片群鸟共鸣的森林中，然后播放乐曲，与胎儿一起感受这明朗快活的旋律。

海顿和他的音乐

弗朗茨·约瑟夫·海顿是《云雀》的作者，他身材矮小，相貌也不大好看，但是这位其貌不扬的音乐大师为人却十分善良、淳朴、幽默和平易近人。他的好友如莫扎特和贝多芬以及崇拜者们都亲切而风趣地称他为“海顿爸爸”。

海顿的性格也在其音乐中得到十分明显的体现，其音乐风格热情、典雅，充满了欢乐、幸福、和平的气氛，就像优美的田园诗一样，歌颂大自然、歌颂生活，充满了愉快而别致的情趣。

第206天

为你读诗：《人生就像一次冒险》

Life is an adventure.
Full of highs and lows.
And what's around the corner
No one really knows.

人生就像一次冒险
充满了成功与失败
转角会遇到什么
我们谁也不知道

Life is an adventure.
There are always ups and downs.
Success and failure come and go.
Leaving smiles as well as frowns.

人生就像一次冒险
这里经常有高低起伏
成功与失败来了又走
只留下快乐与忧愁

Life is an adventure.
With many choices to make.
Making the wrong choices now and then
Is a risk we have to take.

人生就像一次冒险
需要做出许多选择
有时会做出错误的选择
这是我们所要面对的

Life is an adventure.
Our destiny's unknown.
All we can do is plant our seeds.
And enjoy them when they've grown.

人生就像一次冒险
我们的命运是未知的
我们可以做的就是播种希望的种子
静待花开

第207天 开心谜语猜一猜（2）

猜字谜

小狗身上长满了嘴（打一字）

一人拉弓卧草中（打一字）

形单影只等日出（打一字）

乍看去见三兄，实则力气大无穷（打一字）

石头撑起一座山（打一字）

（答案：器　荑　但　众　岩）

猜地名

早上率前队先到双流（猜湖北地名）

人间四月芳菲尽（猜陕西名胜古迹）

毁掉土壤大开林，错上加错（猜历史名城）

日日一起改旧貌（猜新疆地名）

东南烽火北地狼烟（猜一中国地名）

三千强弩射潮低（猜一中国地名）

春水碧如蓝（打一省名）

宝树丛丛（打一省名）

黄河解冻（打一省名）

天知地知我知（打福建一市县名）

拆信（打一城市名）

乌云压松花（打一省名）

（答案：汉阳　香积寺　襄樊　昌吉　西安　镇江　青海　吉林　江苏　三明　开封　黑龙江）

猜植物

粉妆玉琢新世界，傲霜斗雪花自开，岁寒为报春来早，姐妹亲朋喜开怀。

身材瘦瘦个儿高，叶儿细细披绿袍，别看样子像青蒿，香气扑鼻味儿好。

身子长，个不大，遍体长着小疙瘩，有人见了皱眉头，有人见了乐开花。

皮儿薄，壳儿脆，四姐妹，隔墙睡，从小到大背靠背，裹着一层疙瘩被。

（答案：梅花、芹菜、苦瓜、核桃）

第208天

睡前故事:《手捧空花盆的孩子》

很久以前，有位国王没有孩子，于是打算从王国里的少年中挑选一个孩子做王位的继承人。国王吩咐大臣给每个孩子发一些花种，并宣布：谁能用这些种子培育出最美的花，谁就是他的继承人。

有个叫雄日的孩子，他十分用心地培育花种。十天过去了，一个月过去了，花盆里的种子却始终不见发芽。雄日又给种子施了些肥，浇了些水。他天天看啊，看啊，种子就是不发芽。

国王规定的日子到了。许许多多的孩子捧着盛开着鲜花的花盆拥上街头。国王从孩子们的面前走过，看着一盆盆鲜花，脸上却没有一丝喜悦的表情。突然，国王看见了手捧空花盆的雄日。他停下来问：“你怎么捧着空花盆呢？”

雄日把花种不发芽的经过告诉了国王。国王听了，高兴地拉着他的手，说：“你就是我的继承人了！”孩子们不服气，纷纷问国王：“您为什么选择一个捧着空花盆的孩子做继承人呢？”国王说：“我发给你们的花种都是煮熟了的，这样的种子能培育出美丽的鲜花吗？”

第209天

和大宝一起玩：有趣的数字

找出藏在图中的“1～9”，并涂上喜欢的颜色，再给图的其他部分涂上色。

第210天

准爸爸胎教：唱儿歌（6）

认识四季

春天里，东风多，小燕子，搭新窝。
夏天里，南风热，红太阳，像团火。
秋天里，西风吹，大雁飞，黄叶落。
冬天里，北风刮，小雪花，纷纷撒。
春天到了什么叫，叫得什么眯眯笑？
春天到了燕子叫，叫得桃花眯眯笑。
夏天到了什么叫，叫得什么脸发烧？
夏天到了知了叫，叫得石榴脸发烧。
秋天到了什么叫，叫得什么香气飘？
秋天到了大雁叫，叫得桂花香气飘。
冬天到了什么叫，叫得什么雪里俏？
冬天到了北风叫，叫得梅花雪里俏。

第31周
经历身体发育的高峰期

本周，胎儿皮下脂肪更加丰满，皮肤皱褶明显减少，看起来更像个婴儿了。现在，胎儿身长增速减慢，体重还在迅速增加，胎动减少。

身体发育经历一次高峰期

这一周里，胎儿的身体即将经历一次发育的高峰，各个器官继续发育完善，肺部和消化系统已基本发育完成，有呼吸能力，可以分泌消化液。胎儿喝进羊水，形成的尿液经膀胱也排泄在羊水中，一天中羊水被吞进再经尿液排出，这样完成替换数次，为出生后的小便功能进行锻炼。

大脑仍然生长迅速

胎儿现在早已能够熟练地把头从一侧转向另一侧了，眼睛时开时闭，大概已经能够看到子宫里的景象，也能辨别明暗，甚至能跟踪光源。由于大脑发育迅速，他头部的周长（即头围）到这周最后一天将增加约9.5毫米。

准妈妈体重继续增长

准妈妈本月体重约增加1300克~1800克，在最后的几周中准妈妈的体重可能会增加很多，这是因为胎儿这时候生长的速度很快。

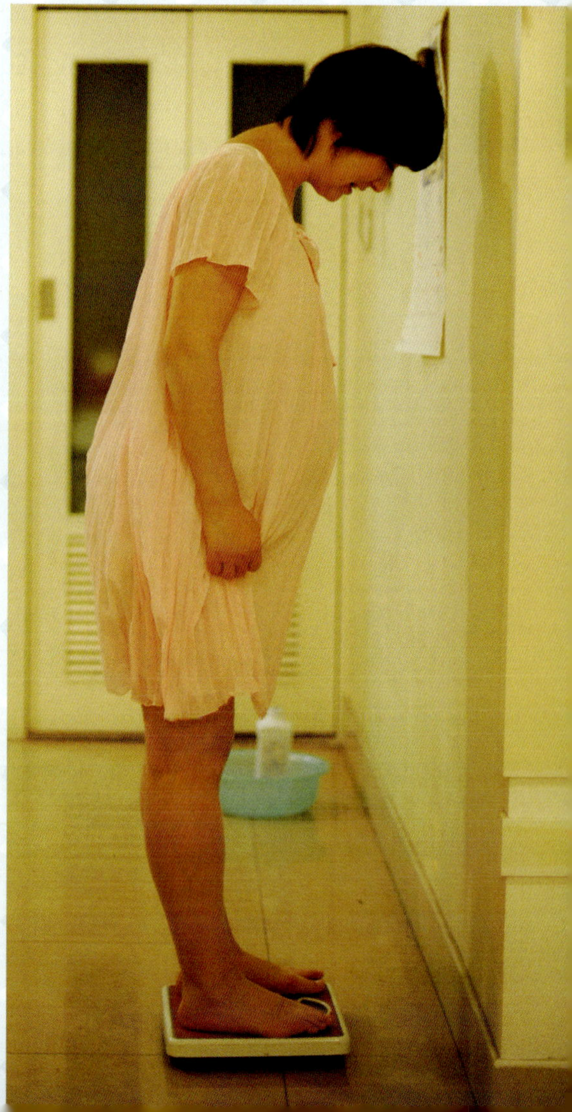

第211天 闪光卡片：胎儿学图形（3）

可以在早上散步后，也可以在午睡后，在准妈妈精神状态良好的情况下进行胎教学习，胎儿也会感到非常轻松、愉快。

今天我们来学习一个新的图形：三角形。

准妈妈找出闪光卡片，对胎儿说：“今天这个图形，和以前的正方形、心形都不一样，注意看，它是这样的。”然后，准妈妈将注意力集中在图形的色彩上，深深地记住图形；再一边用手指临摹图形的边缘，一边告诉胎儿：“它叫三角形。”

反复正确发音，保持平静的心情，集中注意力，然后闭上眼睛，在头脑中把三角形的形状反复进行描绘。

准妈妈告诉胎儿：“有三条边、三个角的图形就是三角形，我们把家里的三角形找出来看看吧！”

然后，准妈妈在家里找到一些三角形物品，如晒衣架、三角尺、三角形的饼干、用餐巾纸折起来的三角形……一边找，一边对胎儿描述这些找到的三角形物品，加深胎儿的印象。

第212天

准妈妈动动脑：爱因斯坦的谜题

这是爱因斯坦在20世纪初出的谜题。

在一条街上，有5座房子，喷了5种颜色。每个房子里住着不同国籍的人，每个人喝不同的饮料，抽不同品牌的香烟，养不同的宠物。

请问：谁养鱼？

提示：

1. 英国人住红色房子。

2. 瑞典人养狗。

3. 丹麦人喝茶。

4. 绿色房子在白色房子左边隔壁。

5. 绿色房子主人喝咖啡。

6. 抽Pall Mall香烟的人养鸟。

7. 黄色房子主人抽Dunhill香烟。

8. 住在中间房子的人喝牛奶。

9. 挪威人住第一间房。

10. 抽Blends香烟的人住在养猫人的隔壁。

11. 养马人住在抽Dunhill香烟人的隔壁。

12. 抽Blue Master的人喝啤酒。

13. 德国人抽Prince香烟。

14. 挪威人住蓝色房子隔壁。

15. 抽Blends香烟的人有一个喝水的邻居。

（答案见244页）

第213天 为胎儿放飞想象的翅膀

和宝宝见面的日子越来越近，对于分娩的恐惧和担心，对于未来的迷茫和期盼，会使准妈妈的心情越发变得焦虑。那么，就来为宝宝畅想吧。研究表明，经常幻想胎儿的模样会使准妈妈焦虑的心情得到缓解，也可使胎儿朝着理想的方向发展。

想象的“干预”作用

想象对胎儿具有一定的“干预”作用，准妈妈的想象内容十分重要，美好的想象会对胎儿产生好的影响，内容不佳的想象则会起到反面作用。因此，准妈妈在怀孕期间要排除不良的意识和想象，尽量多想些美好的事情，将温柔、善良的母爱体现出来。

环境要宁静

选择宁静的环境进行想象，才会收到良好的胎教效果。首先采取放松的姿势，然后对胎儿的形象展开想象。经常进行这样的沟通，就会与胎儿之间产生传递爱意的精神通路。

塑造理想中的宝宝

心中美好的愿望，能在准妈妈的言谈举止和日常生活中体现出来。准妈妈可以强化“我的孩子应该是这样的”愿望，用自己的意象塑造理想的宝宝。

将美好的愿望具体化

准妈妈在想象胎儿的形象时，要把美好的愿望具体化、形象化。想象着孩子应具有什么样的容貌、什么样的性格、什么样的气质等。经常看一些喜欢的儿童画或图片，在头脑中形成一个清晰的印象，并反复进行描绘。

在欣赏中想象

欣赏美好的事物能够陶冶人的情操。准妈妈选择一本好书，投入地看下去，在阅读的过程中展开想象，这既可以使准妈妈自身得到充实、丰富，也可以熏陶腹中的胎儿，刺激胎儿大脑健康发育。

第214~215天

睡前故事：《数不清的月亮》

小公主雷娜生病了，御医们束手无策。国王问女儿想要什么，雷娜说她想要天上的月亮。国王立刻召见他的首席大臣张伯伦，要他设法把月亮从天上摘下来。

张伯伦从口袋里掏出一张纸条，看了看，说："我可以弄到象牙、蓝色的小狗、金子做成的昆虫，还能找到巨人和侏儒……"

国王很不耐烦，一挥手，说："我不要什么蓝色的小狗，你马上给我把月亮弄来。"

张伯伦面露难色，一摊手，说："月亮是热铜做的，离地6000千米，体积比公主的房间还大。微臣实在无能为力。"

国王大怒，让张伯伦滚出去。而后，他又召见了宫中的数学大师。这位数学大师头顶已秃，耳朵后面总是夹着一支铅笔，他已经为国王服务了40年，不少难题一到他手中便迎刃而解。可这回他一听国王的要求便连忙推托，说："月亮和整个国家一样大，是用巨钉钉在天上的。我实在没办法把它取下来。"国王听后很失望，挥手让数学大师退下。

接下来被请去的是宫中的小丑。他穿戴滑稽，全身上下还挂着一串串铃铛。

小丑连蹦带跳，叮叮当当地跑到国王面前，问："请问陛下，有何吩咐？"国王又将事情的原委说了一遍。小丑听后沉吟良久，方才慢慢地说："陛下，您的大臣们都是远见卓识的智者，但月亮究竟是何物，你们的说法不一。不妨问问雷娜公主，她以为月亮是何物。"国王表示同意。

小丑连忙去问雷娜公主。小公主躺在床上，有气无力地说："月亮比我手指甲小一点，因为我伸出手指放在眼睛前便挡住了月亮。月亮和树差不多高，因为我常见到月亮停在窗外的树枝上。"

小丑又问月亮是由什么做成的，小公主说："我想大概是金子吧。"

小丑连忙让工匠用金子打造了一个小月亮，送给小公主。小公主欢天喜地，病也好了，第二天便下床到院子里玩耍。可天近黄昏时国王又开始发愁了，心想："女儿见到天上又升起个月亮岂不又要闹腾？"他连忙又将首席大臣和数学大师请来商议对策。

首席大臣说："给公主戴副墨镜如何？戴上墨镜公主就看不见月亮了。"国王不同意，说："公主戴上墨镜，走路会摔倒的。"数学大师在房间里来回走着，低头沉思，忽然他止住脚步，说："有办法了，陛下。放鞭炮！放鞭炮和火花，把黑夜照得如同白昼一样，月亮不就看不见了吗？"国王摇摇头，说："鞭炮声太响，肯定吵得公主睡不着觉。"

这时，月亮已经升上树梢，国王只好再去请教小丑。小丑这回也没细想，胸有成竹地说："陛下，我们还是问问雷娜公主吧。"小丑走进小公主卧室时，她已经静静地躺在床上了，但还没睡着。小丑问公主："月亮怎么能够同时挂在天空和你脖子上呢？"雷娜公主笑了，说："你真傻，这有什么奇怪。我掉了一颗牙齿之后便又长出来一颗新牙齿；采掉一朵花后又会长出一朵新的花；白天过后是黑夜，黑夜过后又是白天。月亮也是这样，什么事都是这样。"

小公主的声音越来越低，慢慢合上了眼睛，脸上浮出了甜甜的微笑。小丑给公主盖好毯子，轻手轻脚地走出了房间。

（詹姆斯·瑟伯）

第216天 名画欣赏：《快睡着了》

法国画家莱昂·巴兹勒·佩洛特一生中创作了很多的作品，自1863年起，就有作品在法国美术展览馆中展出。莱昂·巴兹勒·佩洛特是学院派的代表画家，擅长创作一些人物形象，其中最著名的是创作的一些小孩儿的形象，活泼中表达了内心的情感。

其作品敢于运用色彩的对比将人物形象描绘出来，效果达到了极致，带给人视觉上的美感。这幅《快睡着了》就是其代表作品之一。

（第240页答案：挪威人住黄房子，抽Dunhill，喝水，养猫；丹麦人住蓝房子，抽Blends，喝茶，养马；英国人住红房子，抽Pall Mall，喝牛奶，养鸟；德国人住绿房子，抽Prince，喝咖啡，养鱼；瑞典人住白房子，抽Blue Master，喝啤酒，养狗。所以，答案是：德国人养鱼。）

第217天

准爸爸胎教：和准妈妈一起玩成语接龙（2）

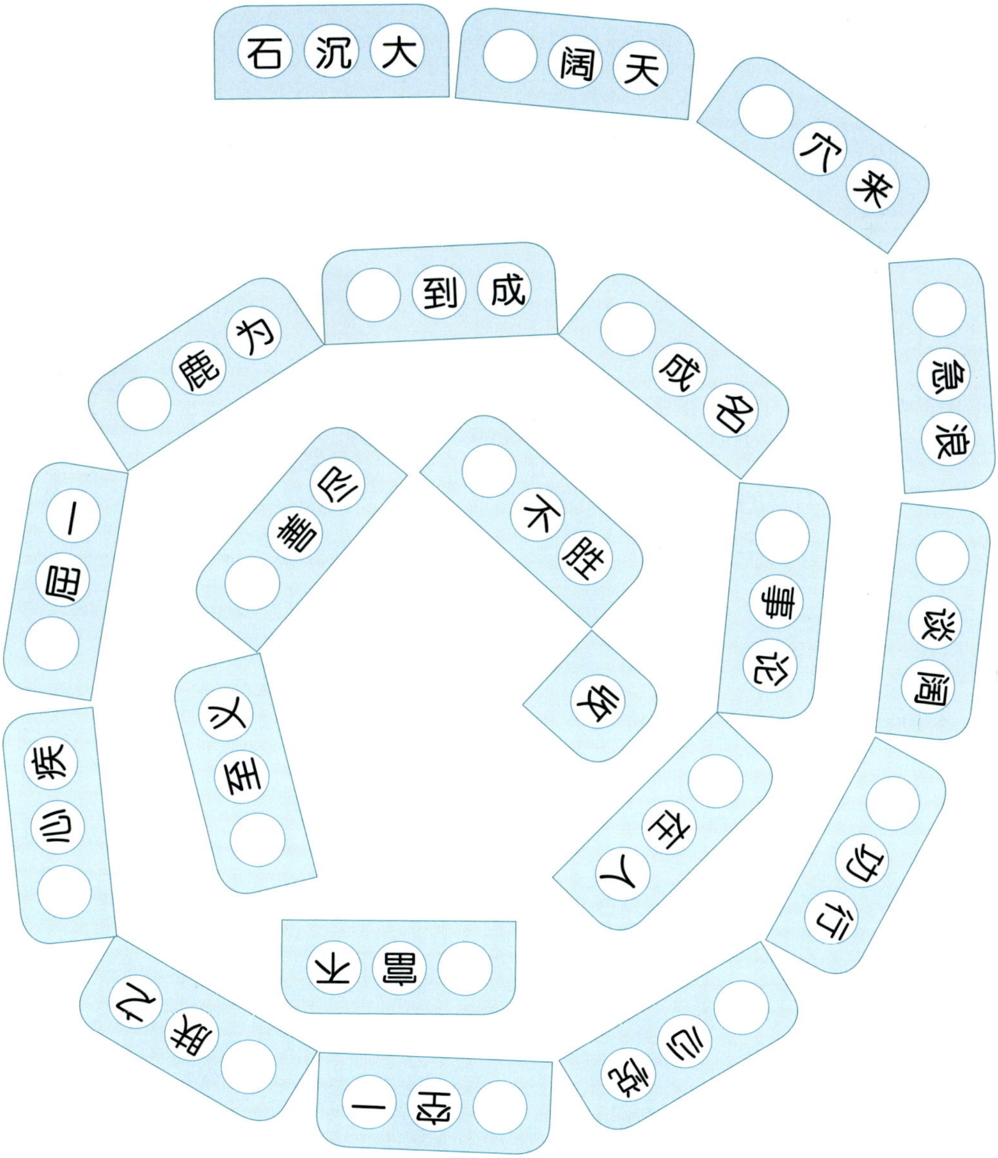

（答案：见248页）

第32周 脑神经通路完全接通

现在，胎儿体重继续增长，为出生做准备。如果这时早产，存活的可能性很大。胎儿的身体几乎将子宫的空间占满，手脚有点儿活动不开，只有在处于一个很不舒服的位置时，他才会勉强扭动一下。不过不用担心，只要能感觉到胎儿在蠕动，就说明他很好。胎儿的体位现在大多为头向下，正在为娩出做准备。

脑神经通路完全接通

这一周，胎儿神经系统变化最大，脑部长得更大，不断折叠形成皱褶，脑神经通路完全接通，开始活动。另外，神经纤维周围形成有保护作用的脂质鞘，因此，神经冲动能够较快地传递。他逐渐能够进行复杂的学习和运动，并且意识越来越清楚，能感觉外界的刺激并做出反应。

准妈妈要保持适量运动

这时准妈妈体重每周增加约250克，感觉尿意频繁，这是由于胎儿头部下降，压迫膀胱的缘故。沉重的腹部会让准妈妈不愿意走动，并且感到疲惫，这些都是正常的现象，但是为了在分娩的时候更加轻松些，准妈妈还是要适当地活动。

第218天 坚持每天和胎儿对话

准妈妈要时刻牢记胎儿的存在，并经常与他对话，这对胎儿的成长有十分重要的意义。

说些什么呢？你可告诉胎儿一天的生活。从早晨醒来到晚上睡觉，你或准爸爸做了些什么，想了些什么，有什么感想，这都可以说给胎儿听。

早晨起来，可先向胎儿描述天气情况，是阳光洒满大地，还是风雨交加；是白雪皑皑，还是春光明媚；又或是秋高气爽，甚至温度的高低等也都可以说给胎儿听。去洗手间也可以描述那里的一切：爸爸为什么刮胡子，妈妈为什么化妆，肥皂为什么起泡沫，吹风机为什么能把头发吹干……一个小小的洗手间就可让你每天有讲不完的话题。

穿衣时将衣着打扮告诉胎儿，今天穿的衣服是什么样式，什么颜色，什么布料做的。接着在镜子里将自己视觉化，把这些信息传递给腹中的胎儿。把头脑中想象的及实际情况都用语言表达出来。在把这些信息转变为语言的过程中，你的思维与印象变得更加鲜明，胎儿就会逐渐地接收这些信息。

打扫房间、洗衣服、做饭、买东西、去医院、去银行，或者织毛衣、看电视、洗澡，等等。总之，生活中的一切都可对胎儿讲述，这是胎教中最重要、最基本、最不可忽视的环节，你的这些行为会对胎儿大脑产生有效的刺激。绝不能把对胎儿讲话看作负担而懒得去做，而要通过和胎儿一起参与、感受和思考这一天的生活，使母子间的纽带更牢固，并培养胎儿对母亲的依赖感及对外界的感受力和思考力。

第219天 语言胎教：谜语童谣

谜语童谣

今天准妈妈再来和胎儿一起背诵几则谜语童谣吧！谜语童谣简单、有趣、生动，一边朗诵，一边可以想象谜语所描述的形象。准妈妈还可以准备一些图片给胎儿讲，以便在胎儿脑海里形成立体形象。让胎儿感受更加深刻。

（一）

头上两根毛，
身穿彩花袍。
飞舞花丛中，
快乐又逍遥。

（二）

衣服像缎子，
尾巴像剪子。
衔泥盖房子，
捉虫喂孩子。

（三）

一片一片又一片，
又像糖来又像面。
冬天有时满天飞，
夏天一片也不见。

（四）

大眼睛，黑眼圈，
圆圆胖胖逗人爱。
攀得高，爬得快，
竹笋野果当饭菜。

谜底：

（一）蝴蝶
（二）燕子
（三）雪花
（四）熊猫

（第245页成语接龙答案：海空风高论赏目切痛首指马功就事为仁尽美）

第220天

准妈妈动动手：折件小衣服

折纸是一项手、眼、脑并用的活动，准妈妈通过折纸不仅可以调节手、脑的协调性，还可以调节不良情绪，而胎儿在准妈妈的腹中也可以体会到快乐的情绪。不妨到书店买本指导折纸的书来参考，折些纸飞机、纸帽子、纸动物等，写上日期和对胎儿的祝福，并将这些作品保留起来，这可是你和胎儿共同的财富，蕴藏着你对胎儿的浓浓爱意。

可以给胎儿折一件小衣服，具体做法如下：

①先将一张彩纸裁切成一个正方形。

②沿着虚线把四个角向心折。

③沿着虚线把四角向后折，再向心折。

④翻过来，把四个角分别向外推开。

⑤对边折，就大功告成了。

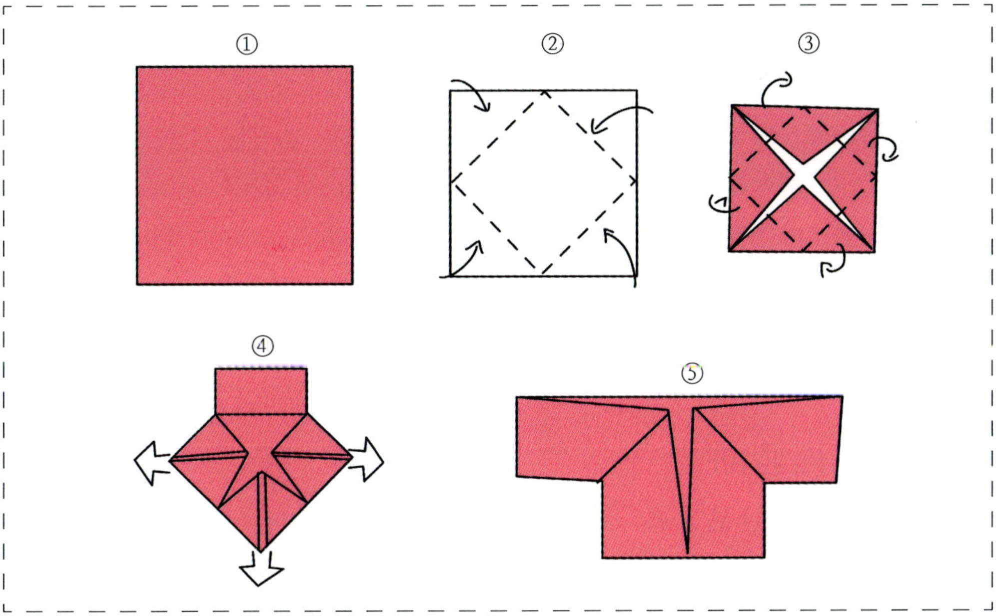

第221～222天 准妈妈学几首摇篮曲

摇篮曲又叫催眠曲，原是母亲为哄宝宝入睡而在摇篮旁边哼唱的歌曲，后来逐步发展成一种音乐体裁。

摇篮曲的音乐一般都具有温存、亲切、安宁的气氛，曲调平静、徐缓、优美，充满母亲对宝宝未来的祝福。准妈妈听着这些音乐，可以勾起自己对儿时的回忆，并心怀幸福感。

摇篮曲也是最适合准妈妈哼唱的歌，它曲调平和，节奏平缓，歌词简单，最容易使胎儿安静下来。跟着简洁的旋律，腹中的胎儿也会学着“歌唱”，从而刺激其脑细胞的生长，提高其运动的活力，改善胎盘功能。

藏族摇篮曲

这是一首藏族的摇篮曲，虽然没有勃拉姆斯、舒伯特的摇篮曲那样流传广泛，但其中所流露出母亲对孩子的爱是一样的，因为母爱是不分国界的。这首摇篮曲旋律委婉动听，曲调简洁淳朴，歌词虽然简单，但旋律非常流畅。“噢罗罗罗”随着缓慢的乐曲在空中飘荡，催眠效果十分明显。

睡吧，睡吧，阿妈的宝贝快睡吧，噢罗罗罗。
妈妈的心肝快快睡吧，噢罗罗罗。
小小宝贝快快睡吧，噢罗罗罗，噢罗罗罗。
睡吧，睡吧，阿妈的宝贝快睡吧，噢罗罗罗。
长寿的宝贝快快睡吧，噢罗罗罗。
小小宝贝快快睡吧，噢罗罗罗，噢罗罗罗。

东北摇篮曲

《月儿明，风儿静》是一首东北民歌，曲调委婉动听，歌词美好而形象，非常富有诗意。乐曲为准妈妈展开了这样的画面：在清爽的夜晚，蛐蛐的鸣叫更显出夜的宁静，优美的旋律伴着妈妈的歌唱随风荡漾，空气中洋溢着暖暖的味道，一切都那么温柔、美妙，为摇篮中的宝宝营造了一个幸福而安详的意境。通过准妈妈的歌唱，胎儿可以从准妈妈的声音及乐曲的节奏、音调、音高以及不断重复中得到安慰，从而产生安全感。准妈妈发出的信息让胎儿产生信任感，这将促使胎儿健康情绪的发展。

月儿明，风儿静。

树叶儿遮窗棂啊，蛐蛐儿叫铮铮，好比那琴弦儿声啊。

琴声儿轻，调儿动听，摇篮轻摆动啊。

娘的宝宝闭上眼睛，睡了那个睡在梦中。

夜空里卫星飞，唱着那东方红。

小宝宝睡梦中，飞上了太空。

骑上那个月，跨上那个星，

宇宙任飞行啊。

娘的宝宝立下大志，去攀那个科学高峰。

报时钟，响叮咚。

夜深人儿静啊，小宝宝快长大，

为祖国立大功。

月儿那个明，风儿那个静，

摇篮轻摆动啊。

娘的宝宝睡在梦中，微微地露了笑容。

第223天

名画欣赏：法国画家埃米尔·弗农的作品

埃米尔·弗农（1872～1919），法国学院派画家。擅长描绘女性。1904年在英国皇家学院展出的题为《玫瑰》的油画引起轰动，成为19世纪将人类从“沉睡中唤醒”（康德）的理性主义写实派代表人物。他的画作主题多为女童、少女和少妇，色彩绚丽，人物均十分可爱、美丽、迷人。准妈妈在孕期经常欣赏埃米尔·弗农的画作，能够放松心情，获得美好、积极的心态。

《樱桃的帽子》

第224天

准爸爸胎教：和大宝的亲子游戏

亀兔赛跑

游戏目的：提高体能。有目的的奔跑，可以锻炼宝宝的奔跑技能和水平，提高宝宝的运动兴趣，锻炼身体。喜欢大自然的宝宝往往具有乐观向上的精神状态，热情开朗的性格，能够适应集体生活，为未来的成长奠定良好的心理基础。

1. 在小区或公园比较开阔的场地，让宝宝选择一棵大树，以此为终点。
2. 爸爸和宝宝自由选择角色，一个当乌龟，一个当小兔子。
3. 两个人同时出发，跑着跑着“小兔子”停下了，看看“乌龟”还在后面爬呢，“小兔子”说休息一会儿，然后睡着了。
4. 此时，“乌龟”慢慢经过“小兔子”身边，看看“小兔子”还在睡呢，赶紧向终点爬过去，等他到了终点“小兔子”才醒来。

扑克牌的大与小

游戏目的：培养观察能力、比较能力、判断能力、协调能力。

1. 爸爸和宝宝各有相同数量的纸牌，每次双方各出一张牌，都反扣在桌上，然后数一、二、三，同时把出的牌翻过来。
2. 比较这两张牌的数目，若是一样大的，就各自收回牌，若不是一样大的，小的牌被大的牌吃掉，归大牌所有者（这两张牌不能再用来出牌）。
3. 直到把双方的牌都出完，最后看谁得到的牌多谁就赢了。

第9个月 临近分娩胎教不能懈怠

第33周
胎头正准备入盆

本周，胎儿皮下脂肪还在增加，皮肤不再红红的、皱皱的。胎儿正在为入盆做准备，有的胎儿头部现在已经开始降入骨盆。

身体骨骼变得结实

胎儿软软的骨头都在变硬，除头部外身体其他部分的骨骼已经变得很结实，不过颅骨还是软软的，也没有完全闭合。这种松动的结构是为生产过程中胎儿的头部能够顺利通过产道而做的准备。

虹膜能缩放了

这一周，胎儿眼睛的虹膜已能放大和缩小，对亮光有收缩反应，还能够聚焦，出生以后这种功能就可以得到发挥了。

准妈妈身体更加疲惫

准妈妈这时的体重大约增长12千克，主要是因为胎儿在出生前的最后7～8周内体重猛增。准妈妈现在会感到尿意频繁，这是由于胎头下降，压迫膀胱引起的。准妈妈还会感到骨盆和耻骨联合处酸痛不适，这些都标志着胎儿在逐渐下降。准妈妈的胃和心脏受压迫感更为明显，会感觉到心慌、气喘或胃胀，没有食欲。同时，沉重的腹部使准妈妈更加懒于行动，更易疲惫。

准妈妈应该进行分娩练习

临近分娩，每位准妈妈都应该了解一些知识，放松紧张的神经，不至于到生产时乱了阵脚。准妈妈可以进行如呼吸技巧的练习、分娩过程中用力技巧的练习等。

特别提醒

警惕胎膜早破：在正常情况下，胎膜在临产期破裂，羊水流出，胎儿也在数小时内娩出。如果胎膜在临产之前（即有规律宫缩前）破裂，有部分羊水流出，就称为胎膜早破。发生这种情况，要立即送孕妇去医院急诊，最好采用平卧并稍稍垫高臀部的姿势移动孕妇。

第225天

对话胎儿：说一说你即将到来的这个世界

看看美丽的晨景

太阳每天东升西落，人们生活在一个昼夜规律的世界中，晚上睡觉白天醒来，经过一夜的休养生息，整个世界都充满了朝气。所以，在早晨起来后，准妈妈和准爸爸不妨先对胎儿说一声“早上好”。然后给胎儿描述一下早上美丽的景色，比如：太阳公公现在是什么样子的，阳台上的花花草草什么样子，天空是什么颜色，天上的云朵是什么形状……

描述一下居住的环境

宝宝即将来到这个世界，就让宝宝预先熟悉一下周围的环境吧。比如，所住的小区在哪里，叫什么名字，小区的周围环境如何，有什么典型的建筑物，这个建筑物有什么特点……还有家里的环境是怎样的，比如厨房在哪里，爸爸妈妈的卧室在哪里，宝宝未来的房间在哪里，这些都可以给宝宝讲一讲。

说一说每天的所见所闻

宝宝将来要面对的除了你所熟悉的，也有你不熟悉的，比如路上的行人、公园池塘里的小鸭子、街角的花店等，这些都是你和宝宝生活中的一部分，所以，也对胎儿描述一下出现在你视野中的这部分内容吧，让胎儿感受到世界的丰富和美丽，并充满期待。

童言无忌

你猜猜

有一天，我看到一对龙凤胎超级可爱，可是分不出大小，于是就问：“你们谁大谁小啊？”

小女孩神神秘秘地说：“你猜猜，我们谁是哥哥谁是妹妹！”

第226天

闪光卡片：胎儿学数字（4）

宝宝就要出生了，再教他学个数字吧！

和以前一样，准妈妈看着卡片，集中注意力，把“4”牢牢地印入脑海里，一边摹写字形一边念“4”，重复多次，再启发胎儿：“‘4’像什么呢？”

准妈妈在脑海中搜索，“4”像什么呢？小旗子、帆船……

“4”代表多少呢？两双筷子放在一起是4根；爸爸妈妈的两双手放在一起是4只手；五星红旗上，大星星周围伴有4颗小星星……

第227天

和大宝一起玩：找一找，画一画

根据提示给图上色。

1—浅蓝色 2—蓝色 3—绿色 4—黄色 5—红色 6—棕色

第228天 营养胎教：吃些缓解便秘的食物

孕晚期，由于胎儿长大，子宫压迫肠胃，所以很多准妈妈会面临便秘的困扰。除了适当活动并保持良好心情外，准妈妈还应注意多吃一些对预防和缓解便秘有帮助的食物。

扁豆：扁豆中的膳食纤维丰富，经常食用可以促进排便通畅。不过烹煮时间宜长不宜短，没煮熟的扁豆带有一定毒性。

圆白菜：富含维生素、叶酸和膳食纤维，经常食用可促进消化，预防便秘。

生菜：生菜的营养非常丰富，经常食用能改善胃肠血液循环，促进脂肪和蛋白质的消化和吸收，有助清除血液中的垃圾，可排肠毒，防止便秘。

竹笋：富含B族维生素及多种矿物质，具有低脂肪、低糖、高纤维的特点，能促进肠道蠕动，帮助消化，消除积食，防止便秘。

红薯：富含β-胡萝卜素、维生素E和维生素C，是营养均衡的保健食品。同时，其所含的膳食纤维能有效刺激消化液分泌和胃肠蠕动，促进通便，预防便秘。

酸奶：除含有新鲜牛奶的全部营养之外，其中所含的乳酸等有机酸，能刺激胃液分泌，抑制有害菌生长，帮助清理肠道，缓解便秘。

第229天

睡前故事：《丑小鸭》

鸭妈妈在孵小鸭，别的小鸭都钻出了蛋壳，只有一只最大的蛋，始终没有动静。

终于，这个大蛋裂开了，一个小家伙钻了出来。瞧，它多丑呀！别的鸭子都那么美丽，没有一个像它一样的，大家都不喜欢它，谁也不愿接近它。

于是，丑小鸭伤心地离家出走了，它不知道该到哪里去。冬天来了，丑小鸭在湖面上又冷又饿。一天，丑小鸭看到了一群又大又美丽的鸟，它们在天空中飞翔。啊，真美啊！丑小鸭知道，那是一群天鹅。

丑小鸭孤零零地度过了冬天。春天来了，丑小鸭长得更大了，能够在天空中飞翔了。

有一天，丑小鸭在湖面上再次看到了天鹅，它决定游到它们那里去，不管它们嫌不嫌自己丑。

于是，丑小鸭向它们游去。突然，它从水面上看到了自己的倒影。原来，它不再是只丑小鸭，而是一只美丽的天鹅！

这时，湖边的孩子们指着它说：“大家快看，新来了一只天鹅，它多好看啊！”听到赞美的话，丑小鸭害羞了，它从未想过会有这样的幸福。

（根据《安徒生童话》改编）

第230天

音乐胎教：《杜鹃圆舞曲》

《杜鹃圆舞曲》在曲调和节奏上具有挪威民间舞曲的风格。

乐曲采用三拍子圆舞曲体裁。简短的引子后立即出现模仿杜鹃叫声的音调，以轻快、活泼的节奏和清新、欢畅的旋律，描绘出一幅春光明媚、鸟语花香的美好图景。

随后出现的第二个主题旋律，连贯而流畅，具有明显的歌唱性，展示了一个欢乐的舞蹈场面。然后，再现杜鹃主题，在愉快的气氛中结束全曲。

准妈妈可以在脑海中想象这样的情景：杜鹃一会儿飞到这个枝头停歇，一会儿又飞到另一个枝头高唱。美丽的画面将带给准妈妈和胎儿美好的体验。

约纳森和他的音乐

约翰·埃曼努埃尔·约纳森，瑞典作曲家，在他为数不多的音乐作品中，管弦乐曲《杜鹃圆舞曲》堪称世界音乐会小品中的精品，因而成为他的代表作。

约纳森曾在斯德哥尔摩“金杜鹃电影院”专为无声影片的放映做配乐，据说本曲就是约纳森为影片即兴配音而作。《杜鹃圆舞曲》原为钢琴曲，后人也常以管弦乐或其他器乐形式演奏。“布谷、布谷”，杜鹃就是我们熟悉的布谷鸟，其可爱的形象、动听的曲调会令准妈妈得到放松。

第231天

准爸爸胎教：数字儿歌

前几个月，准妈妈已经为胎儿做了数字闪光卡片并进行了学习，现在准爸爸再来为胎儿读两首关于动物的数字儿歌，让胎儿对数字有更生动、更直观的了解吧。

动物数字歌

（一）

一条虫，两条虫，小虫喜欢钻洞洞。

三头猪，四头猪，小猪睡觉打呼噜。

五匹马，六匹马，马儿一跑呱嗒嗒。

七只鸡，八只鸡，公鸡打鸣喔喔啼。

九只鸟，十只鸟，清早起来叽喳叫！

（二）

一头小猪肥又壮，一盆食儿全吃光。

两只蜜蜂采蜜忙，两朵鲜花把头昂。

三只小兔来吃饭，三个萝卜它们尝。

四只小猫做游戏，四个皮球拍得响。

五只母鸡咯咯嗒，五个鸡蛋大家尝。

六只青蛙捉害虫，六条虫子进肚囊。

七条春蚕吐丝忙，七间茧房亮堂堂。

八只蚂蚁在搬家，八粒白米搬进仓。

九只小鸭来游水，九条小鱼水中藏。

十只小鸟爱劳动，十个小窝搭得棒！

第34周

头部开始入骨盆

本周，胎儿已经为分娩做准备，将身体转为头位，即头朝下的姿势，完全倒立了，头部开始进入准妈妈的骨盆，紧压在准妈妈的子宫颈口。

中枢神经系统仍然在完善

这一周，胎儿的中枢神经系统仍然在发育，胎儿对声音更加敏感了。经过一段时间的练习，他现在可以更自如地眨眼，而且还会自动转向光源，这是“向光反应”，能使他更多地了解周围的环境。

一个丰满的小宝宝

胎儿的皮下脂肪层还在继续变厚，看上去更丰满了，开始有点圆滚滚的感觉，这个脂肪层将在宝宝出生后帮助他保持体温。另外，他的肺部已经发育得很成熟了。

有适应外界环境的能力了

胎儿各器官均已充分发育，随时可能临产。如果宝宝此时出生，他已经能适应子宫外面的世界了。

宝宝现在是躺在子宫壁上，而不是浮在充满液体的空间里，当然他还是浸泡在羊水里的。在接下来的几周内，准妈妈的免疫力会转给胎儿，以帮助他出生后抵抗感染。

准妈妈要少食多餐

由于子宫膨大，压迫了胃，使胃的容量变小，吃一点儿就感觉饱了。准妈妈应改变饮食习惯，少吃多餐。最好一天吃6顿，3顿正餐3顿加餐。

孕后期准妈妈要注意情绪波动

在孕后期，准妈妈的情绪对胎宝宝的影响更大。准妈妈不良的精神状态给胎宝宝所造成的刺激常引起出生后宝宝行为性格异常。特别是妊娠后期准妈妈精神状态的突然改变会使血内去甲肾上腺素浓度增高到原来的100倍，心率增快，使每次心搏出血量减少，胎盘供血量亦因此减少而使胎宝宝缺氧，阻碍胎宝宝大脑发育。因此，胎教的重要目的是必须使准妈妈精神始终处于放松、愉快的状态之中。

第232天

为你读诗：《风的工作》

风呀，吹来！
把我的风车转开，
使我的磨石磨米磨麦！
麦粉磨成，米磨白，
穷人才不会叹气悲哀。
好风呀！
吹来，吹来！

风呀，吹来！
把磨房的风车转开，
使我的麦粉磨白，
做成好饼卖！
风不来，
我的饼就没有卖了！
好风呀！
吹来！吹来！

风呀，吹来！
我早上起来，
洗刷了许多衣裳，
晒在当街。
风呀，吹来！
把我的衣裳吹干吹白！

风呀，风呀！
吹来，吹来！
可爱的风呀，
快把我的船吹送出海。
汹涌的白涛，
无边的绿海，
是我的家乡，
是我的和平之宅。
船上满载着客人，
满载着货财。
好风呀，吹来！吹来！
把我的船吹送出海！

风呀，吹来！
好风呀，吹来！吹来！
把我的船吹送出海！

好风来了！好风来了！
吹得风车动，
吹得旗儿飘。
水手们速速上船，
开船的锣声响了。

好风来了！好风来了！
我的衣裳快要干了。
感谢呀，好风！
使我的白衣，
雪片似的飞飘。

好风呀，好风呀，
吹上我的风筝，
上他天上的家，
吹干我的衣裳，
洁白如白莲之花。
好风呀，感谢，感谢！
好风呀，感谢，感谢！

作者简介： 郑振铎（1898～1958），中国现代杰出的爱国主义者、社会活动家、作家、诗人、学者。

第233~234天

睡前故事：《狐狸兄弟》

狐狸兄弟同住在一间木屋里。有一天，木屋的屋顶破了一个小洞。狐狸哥哥想：弟弟会去修的；狐狸弟弟想：哥哥会去修的。结果谁也没修。洞越来越大。哥哥以为弟弟会去修，弟弟以为哥哥会去修。结果谁都没动手修理。

寒冷的冬天到了，西北风夹着雪花呼呼地刮进木屋。狐狸兄弟冻得直打哆嗦。这时，哥哥想：天这么冷，弟弟一定受不了，他会去修的；弟弟想：哥哥这

次恐怕是挺不住了，他会去修的。结果还是谁都没去修。

洞越来越大，风越刮越猛，雪越下越急，最后，狐狸兄弟都被活活冻死了。

问问大宝：狐狸哥哥这么做对吗？狐狸弟弟这么做对吗？他们应该怎么做，就不会冻死了？

第235～236天 音乐胎教：《童年情景》

《童年情景》是一组美丽温馨的钢琴套曲，让人情不自禁地沉浸在朦胧美妙的意境中。宝宝就要出生了，他一定对自己的童年时光充满了期待，不妨跟胎儿一起听一听这组钢琴套曲，欣赏的时候也一定能唤起你对童年时光的美好回忆。

一个欢乐的儿童世界

在《童年情景》中，作曲者舒曼从各个侧面描写了儿童的生活，有的是描写游戏场景，有的只描写一个神态，有的描写孩子的心理活动，合起来便构成了一个生动的儿童世界。

全曲由13个标题性小曲组成：

（1）**异国和异国的人们**。这段乐曲的特点是在平稳的四分音符中夹杂着不安分的附点节奏，而伴奏却使用了华尔兹的分解和弦，从音乐的变化上显示出作者无法融入法国这浪漫的国度。

（2）**奇怪的传说**。这段乐曲使用突变的节奏使乐曲显得夸张而活泼，仿佛异国古怪离奇的故事给孩子留下了深刻印象。

（3）**捉迷藏**。上上下下飞快跳跃的顿音逼真地展现出孩子们你躲我藏、追逐嬉戏的情景。

（4）**孩子的请求**。亲切温柔的旋律充满稚气，并带有祈求、幻想的情绪，最后结束在属七和弦的七音上，形象地描绘了孩子提出请求，期待答复时的神情。

（5）**心满意足**。欢快的旋律音型在高低声部轮番出现，内声部固定的切分节奏、丰满的和声都微妙地刻画出孩子在得到所期望的东西后幸福满足的心理。

（6）**重要事件**。夸张而单纯的顿音、呆板的节奏，呈现出孩子一本正经的严肃面孔，令人忍俊不禁。

（7）**梦幻曲**。这是其中最精彩迷人的一首，常单独演奏，还被改编为各种乐器的独奏曲，并广为流传。乐曲节奏缓慢平稳，旋律起伏均匀，细腻动人，在丰满温和的和弦衬托下，渗透着梦境般静谧甜美的诗意，把人们带入梦境。

（8）**在壁炉旁**。柔和舒展的旋律形象地描绘出一幅充满融融之乐、和谐温暖的家庭图景。

（9）**木马游戏**。在持续音上奏出带切分节奏的旋律，简洁生动，使人联想到前后晃动的木马和木马上兴高采烈的小骑士。

（10）**过分认真**。跨小节的绵绵不断的切入，构成严肃而单调的主题，恰当地描绘出孩子努力思索的神情。

（11）**惊吓**。平静的主题交织着紧张的半音经过的和弦，给音乐增添了一层恐怖色彩，刻画了儿童听到鬼怪故事后害怕、惊恐而又好奇的心理。

（12）**入眠**。晃动的节奏加上卡农手法的运用，形成了摇篮曲般温和宁静的气氛，中间的转调更增添了乐曲的梦幻色彩，最后平静舒缓的曲调表明孩子已酣然入睡。

（13）**诗人的话**。这首终曲是以成人的口吻写成，旋律悠缓，蕴含着迷惘惆怅的心情，表达了作者对已逝童年的忧伤和感慨。

作者简介

罗伯特·舒曼（1810~1856），德国作曲家。《童年情景》创作于1838年。作品没有直接描绘儿童生活，而是从成年人回忆童年情景的角度进行创作。作者以准确的笔触，洗练的手法，深入儿童心灵刻画他们的心理活动，使得乐曲的音乐形象幽默、神态逼真并富有情趣。此套曲还是作者写给妻子克拉拉的一封“情书”。

第237天

准妈妈动动手：画彩蛋

1 准备若干饮料瓶盖。

2 准备几只完整的鸡蛋壳，洗净，晾干。

3 准备一盒国画颜料。

发挥你的想象力和创造力，给鸡蛋画上你喜欢的卡通脸谱，再把它们放在瓶盖上摆起来。看，你的卡通朋友好多啊！

第238天

准爸爸胎教：早操歌

早操歌

大公鸡，喔喔叫，外面的世界多美妙；

小朋友们排好队，大家快快来做操，

间隔距离要保持，大家都要准备好。

小海鸥，真勇敢，飞得高来飞得远，

我们学习小海鸥，不怕辛苦不怕难。

小花猫，喵喵叫，摇摇脑袋舔舔毛，

养成卫生好习惯，做个健康的乖宝宝。

企鹅弟弟站一排，走起路来摇又摆，

互帮互助最团结，聪明伶俐人人爱。

小猴子，真顽皮，望望东来望望西，

遵守规则不胡闹，快快乐乐做游戏。

大象伯伯慢慢走，伸伸鼻子扬扬头，

见到老人问个好，大家夸我有礼貌。

小青蛙，呱呱叫，妈妈、妈妈不见了，

我们一起帮助它，找到妈妈哈哈笑。

小黄莺，高声叫，小朋友们齐欢笑，

天天锻炼身体棒，我们的世界真美好。

第35周

完成大部分的身体发育

本周，胎儿的肾脏已经完全发育，肝脏也能代谢一些废物了，大部分身体发育都已完成，除了不会哭，他现在基本具备新生儿所有的行为能力。

听力已充分发育

这一周，胎儿继续为分娩做着准备，将头转向下方，头部进入骨盆。现在胎儿的听力已充分发育，要记得坚持跟他说话。胎儿这时的睡眠时间很长，不过在他醒着时，多处于安静的警觉状态。

发育减慢，趋于稳定

此时，胎儿头围与腹围几乎相等，从现在开始，他的发育减慢并趋于稳定，体重还会继续增加一些。由于更多的脂肪沉积，胎儿的手和脚变得又圆又胖；由于血管接近皮肤表面，皮肤呈现出粉红色。

准妈妈胃灼热要适当调理

孕晚期胃灼热的主要原因是内分泌发生变化，胃酸反流刺激食管下段的痛觉感受器，引起灼热感。此外，妊娠时巨大的子宫、胎儿对胃有较大的压力，胃排空速度减慢，胃液在胃内滞留时间较长，也容易使胃酸反流到食管下段。

准妈妈要知道，这种胃灼热在分娩后会自行消失；未经医生同意不要服用治疗消化不良的药物；平时应在轻松的环境中慢慢进食，每次避免吃得过饱；吃完饭后，保持一会儿直立的姿势将会缓解胃灼热；饭后适当散步；临睡前喝一杯热牛奶，也有很好的效果。

特别提醒

这个时期的胎教，准爸爸的角色特别重要，应加强对妻子的呵护，注意妻子的情绪，和她一起学习分娩知识，以平常之心迎接分娩。

◇经常抚摸准妈妈的腹部，告诉胎宝宝外面世界的各种新奇事物。

◇此时的准妈妈容易懒散，不爱动，准爸爸要调动准妈妈运动的积极性，不妨陪她多散步。

◇准爸爸要给准妈妈以心理支持，不要给准妈妈生男生女的压力。

第239天 对话胎儿：你的小手，你的小脚丫

宝宝，你知道吗？当你在妈妈肚子里踢来踢去、翻筋斗时，妈妈的肚子上经常能看到一个个小鼓包，这里鼓一下，那里鼓一下，妈妈就会猜啊，这是你的小脚丫，那是你的小手，不知道对不对呀？今天妈妈去做B超了，医生让妈妈在仪器里看你，妈妈好激动啊！看到你蜷缩在妈妈肚子里，小鼻子、小嘴巴都那么清晰，哦，还有你的小手、你的小脚丫都那么清清楚楚地看到了。通过那样一个仪器，肚子内外的你我就能相见，每次看到你都会有很多变化，妈妈不由得感叹生命的神奇。

准爸爸和胎儿“捉迷藏”

不单是准妈妈，准爸爸也可以和胎儿进行“捉迷藏”游戏。当准妈妈感觉到胎动的时候，准爸爸可以轻拍胎儿刚刚“踢”过的肚皮，并告诉胎儿：“宝宝，我是爸爸。”过一会儿胎儿又踢，准爸爸可以换个方位回应，胎儿就会遵循准爸爸的轻拍来“踢”，跟捉迷藏似的。

准爸爸和胎儿玩一会儿后，可以由准妈妈上场：“宝宝，我是妈妈。”你们可能会发现，换个人和胎儿玩，胎儿反应是不一样的。

给胎儿唱《幸福拍手歌》

如果感到幸福你就拍拍手，如果感到幸福你就拍拍手，如果感到幸福就快快拍拍手呀，看那大家一齐拍拍手。

如果感到幸福你就跺跺脚，如果感到幸福你就跺跺脚，如果感到幸福就快快跺跺脚呀，看那大家一齐跺跺脚。

……

这是准爸爸准妈妈都非常熟悉的一首歌，你们可以为腹中的胎儿歌唱，并配合一些简单的手势或者即兴的舞蹈。歌词也可以根据你们的情绪和环境进行自创，只要让胎儿听到你们的声音，感受到你们欢快的心情就好。

第240天 音乐胎教：《乘着歌声的翅膀》

《乘着歌声的翅膀》原为德国诗人海涅所作的一首诗，因门德尔松为其谱曲而广为传播。其旋律舒缓、温柔、甜蜜，通常由女高音演唱。

乘着歌声的翅膀

乘着这歌声的翅膀
亲爱的随我前往
去到那恒河的岸边
最美丽的地方
那花园里开满了红花
月亮在放射光辉
玉莲花在那儿等待
等她的小妹妹
玉莲花在那儿等待
等她的小妹妹
紫罗兰微笑地耳语
仰望着明亮星星
玫瑰花悄悄地讲着
她芬芳的心情

那温柔而可爱的羚羊
跳过来细心倾听
远处那圣河的波涛
发出了喧嚣声
远处那圣河的波涛
发出了喧嚣声
我要和你双双降落
在那边椰子林中
享受着爱情和安静
做甜美幸福的梦
做甜美幸福的梦
幸福的梦

第241天 胎儿学汉字（3）

胎儿生活在羊水中，就像一条小鱼，那么，今天就来学习“鱼”这个字吧！

准妈妈要一边正确地读出“鱼”字的发音，一边用手指描摹出它的形状，将这个字印入脑海中，并传递给胎儿。可以反复描摹几次，以加深胎儿的印象。

鱼

“鱼”字最好的学习方法，就是将这个字和具体的形象结合起来。“鱼”是什么样子呢？如果你家里正好养鱼，就直接和胎儿一起看。如果家里没有养鱼，可以找些图片来看，或者干脆到水族馆或花鸟虫鱼店观赏一下。在你不断地讲解中，胎儿的意识里会对“鱼”这个字更熟悉，也能知道更多关于鱼的知识。

准妈妈还可以看看这个字是如何演化过来的。

第242天

名画欣赏：《两个好朋友》

法国画家埃米尔笔下的儿童形象温馨可爱，充满童稚，用色明亮光鲜，人物造型俊美动人。画中的小女孩，左手抱着心爱的小狗，右手端着碗在喂小猫喝水，脸上散发着温暖的光芒，让人仿佛能够感受到空气中弥漫的欧洲乡村的气息。

第243天

睡前故事：《谁的年龄大》

一个阳光灿烂的日子，狗熊、河马、犀牛、大象还有乌龟在河滩上晒太阳。

河马问狗熊："狗熊老弟，你今年多大了？"

狗熊说："我今年30岁了，都当爷爷了。"

"什么？30岁就当爷爷了，我都50岁了才刚刚是青年呢。"乌龟惊讶地说。

大象在旁边插话说："我今年也是50岁，可我是中年啊！"

咦？这到底是怎么回事呢？大家觉得很奇怪，于是一致同意派犀牛去请来知识渊博的喜鹊老师，向它请教。喜鹊老师解释说：

"各种动物的寿命是不一样的：狗熊的寿命大约是34年，河马是41年，犀牛的寿命约是47年，而大象的寿命可长达120年左右，但是最长寿的要属乌龟了，可以活到200年左右呢。"大家听完恍然大悟，原来动物的寿命差别这么大呢，今天真是长知识了。

"这么说我虽然只有50岁，在乌龟里才刚刚是青年，却可以给犀牛当爷爷了。"乌龟逗趣地说。大家听完哈哈大笑……

第244天

和大宝一起玩：找一找

你能帮助美美找到哪一条线连着小蝴蝶吗？

第245天

准爸爸胎教：《洋娃娃和小熊跳舞》

《洋娃娃和小熊跳舞》是一首波兰儿歌，欢快的旋律，充满童趣的歌词，带给人美好而快乐的感受，深受喜爱，传唱至今。准爸爸可以单独为胎儿唱，也可以和准妈妈一起为胎儿唱这首儿歌，让家里欢快的气氛感染腹中的胎儿吧。

洋娃娃和小熊跳舞

洋娃娃和小熊跳舞，
跳呀跳呀，一二一；
它们在跳圆圈舞呀，
跳呀跳呀，一二一；
小熊小熊点点头呀，
点点头呀，一二一；
小洋娃娃笑起来啦，
笑呀笑呀，哈哈哈。

洋娃娃和小熊跳舞，
跳呀跳呀，一二一；
它们跳得多整齐呀，
多整齐呀，一二一。
我们也来跳个舞呀，
跳呀跳呀，一二一；
我们也来跳个舞呀，
跳呀跳呀，一二一。

第36周

胎儿体重继续增加

本周，胎儿体重还在继续增加，一天增加28克左右，增加的主要是肌肉和脂肪。现在通过B超和触诊就可以估计出胎儿的体重，但在后面的4周内胎儿的体重可能还会增加不少。

所有器官几乎已发育成熟

现在，准妈妈的子宫壁和腹壁变得很薄，胎儿的手肘、小脚和头部可能会更清楚地在准妈妈的腹部凸显出来。他现在头朝下，脾脏发育完成，并可以分泌胰岛素了，所有器官几乎都已发育成熟，能够倾听、感觉，甚至有可能看见周围模糊的轮廓了。

胎脂开始脱落

这一周，覆盖胎儿身体的绒毛和胎脂开始脱落。胎儿现在还会吞咽这些脱落的物质和其他分泌物，它们将积聚在胎儿的肠道内直到宝宝出生，这就是胎粪，它将成为宝宝出生后的第一团粪便。

现在，胎儿身体的脂肪比例将稳定在15%左右，四肢、手肘和膝盖处开始凹进去，在手腕和颈部四周形成褶皱，全身浑圆。这些脂肪不仅有助于胎儿保持均衡的体温，还能转化为能量，若此时出生，存活率较高。

准妈妈出现无效宫缩

到了孕晚期，无效宫缩会经常出现，且频率越来越高。出现无效宫缩的情况时，准妈妈一定要禁止服用药物，应注意休息，不要刺激腹部。如果痛感特别强烈，工作、生活受到影响，需要去医院进行检查诊断。

特别提醒

孕晚期要严禁性生活。此时胎宝宝已经成熟，子宫已经下降，子宫口逐渐张开。如果这时性交，羊水感染的可能性较大，可能造成胎膜早破和早产。

第246天 闪光卡片：胎儿学字母（3）

虽然宝宝就要出生了，但这个时候依然不能放松胎教，要持之以恒才能收到好的效果。今天，就让我们继续学习英文字母吧！

“G”很像我们之前学习过的一个字母，想想看……哦，原来是像“C”！比比看，“G”比“C”要多出一个小尾巴，宝宝，你看是不是很有趣啊？然后准妈妈反复地读出“G”的正确发音。

“H”很像一架梯子，宝宝蹬着它，就能爬到很高很高的地方啦。准妈妈一边正确地读出“H”的发音，一边用手指描摹它的字形，加深胎儿的印象。

“I”像不像之前我们学习的数字“1”？不过它们的发音、意思完全不同哦。看上去，就好像“1”站在天地之间，很威武吧。准妈妈要正确地读出这个字母的发音，同时用手指在闪光卡片上反复描摹它的字形。

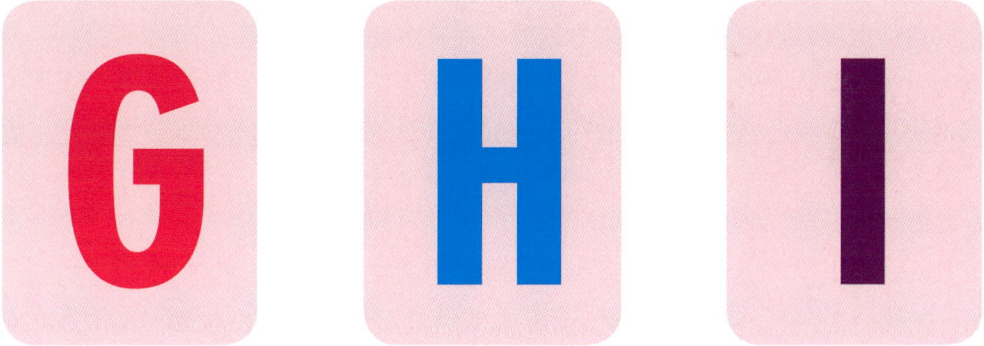

第247~248天

睡前故事：《诸葛亮妙对老师》

相传，诸葛亮小时候由父亲带去拜水镜先生为师。

水镜先生对诸葛亮说：“我出三个题目，答对了就收下你。”说完之后便出了一个哑题：他屈起食指，伸到诸葛亮面前，又点了点。

诸葛亮向水镜先生深深一鞠躬，又后退三步，站在一边解释道：“您要我做首屈一指的大官，我当鞠躬尽瘁，死而后已。”

接着，水镜先生坐在蒲团上说：“我出的第二个题目是，要你想办法使我离开这座位。”诸葛亮走到墙角，顺手拿了一根竹竿就要捅房上的瓦。

水镜先生连忙起来阻止说：“不要捅漏了房子！”

诸葛亮笑了：“先生坐地，我想通天，先生不是离开座位了吗?”

水镜先生重新坐回蒲团上说：“你能使我寸步难行吗?”

诸葛亮指着水镜先生说：“你这老匹夫，分明没有本事，却在此胡扯！”水镜先生气得脸色发紫。诸葛亮却摘下他的帽子，扔到房顶上。水镜先生气急了，只好脱了鞋，踩在诸葛亮父亲的肩上去够帽子。这时，诸葛亮抓起水镜先生的鞋子藏了起来。水镜先生拿到了帽子，却找不到鞋子，诸葛亮说：“先生，您寸步难行啦！”

水镜先生一听哈哈大笑，说：“好聪明的孩子，我收下你了！”

三年后的一天早上，水镜先生对弟子们说：“我出一道考题：从现在起到午时三刻止，谁能得到我的允许走出水镜庄，谁就出师。”弟子们急了，有的大呼：“庄外失火！”有的谎报：“家里死了人，得赶紧回去！”水镜先生根本不予理睬。只有诸葛亮，早伏在书桌上睡着了。他鼾声大作，搅得考场不得安宁，水镜先生很生气。

午时三刻快到了，诸葛亮一觉醒来，听说水镜先生出了这么道考题，一把拉住他的衣襟哭道：“先生这么刁钻，净出歪题害我们，我不当你的弟子了，还我三年学费，快还我三年学费！”

水镜先生是天下名士，谁不尊敬？现在见诸葛亮这般无礼，气得他浑身发抖，喝令诸葛亮滚出水镜庄。诸葛亮哪里肯走，水镜先生就让几个弟子硬把他拖了出去。

诸葛亮一出水镜庄，便哈哈大笑起来，在路旁拾了根棍子就往回跑。他跪在水镜先生面前，双手奉上棍子说："刚才为了应付考试，万不得已冲撞恩师，弟子愿受重罚。"

水镜先生猛然醒悟，转怒为喜，扶起诸葛亮说："看来，青出于蓝而胜于蓝，你真的可以出师了。"

第249天

为你读诗：《儿时情景》

我的孩子，我们也曾是孩子，两个又小又快乐的孩子
我们爬进小鸡窝，躲进稻草里
我们学着公鸡叫，每当人们经过时
喔喔！大人们都以为这是真的公鸡在啼叫
院子里有个木箱子，我们把它装饰得很漂亮
我们一起住在里面，好似住在了奢华的乐园
邻居家的老猫经常来拜访
我们向它鞠躬，向它行礼，向它致敬
我们遵从它的意思，关怀而友好地满足它的需求
“从此我们就是一家人。”有些老猫说道
我们经常在一起聊天，睿智得如同长者
我们也常抱怨，现在的一切都不如旧时的美好
爱，忠诚，信仰，都从这个世界上消失了
一起消失的，还有珍贵的咖啡，稀有的财宝
儿时的嬉戏渐行渐远，而随之所有的一切也消失不见
金钱，世界，时间，信仰，大爱与忠诚

（海涅）

第250天 名画欣赏：《圣母子》

今天，为准妈妈准备的是意大利著名画家拉斐尔的一幅油画——《圣母子》，通过欣赏这幅画，准妈妈对自己的宝宝将更加期盼。

圣母、圣婴原本是典型的宗教题材，在中世纪的绘画作品中，为了强调圣母、圣婴的神圣身份，一直被描绘得冰冷呆板，毫无生气。“文艺复兴三杰”之一的拉斐尔在此幅作品中摒弃传统的创作思维，把圣母描绘成一位温柔秀美、洋溢着爱意、微微丰腴的人间母亲。三角形构图是拉斐尔惯用的手法，金黄、酒红、墨绿，华丽的色彩让画面洋溢着温暖欢快的调子，同时也是文艺复兴时期的画商、教堂等喜爱的颜色。圣母正在沉思，而膝上的圣婴则是活泼、动态的，比例上稍大于人间男婴，肥肥的体态非常富有质感，形态可爱逼真，激起观者的抚摸欲，他与圣母一静一动、相映成趣。背景是拉斐尔的故乡——意大利托斯卡纳的美丽乡村。

这是文艺复兴时期的杰出作品之一，也是人类美术史上的珍品。

第251天
对话胎儿：《妈妈在等你》

预产期临近，马上就要见到宝宝了，此时准妈妈的心情充满了期待，又会有一些焦虑，这都是很正常的心理反应，准妈妈不要过于担心。给胎宝宝读一读童谣，告诉宝宝，妈妈在等你。

妈妈在等你

小草睡在大地的怀里，
小鸟睡在大树的怀里，
小宝宝睡在妈妈的怀里。
小枕头等着你，
小被子等着你，
小摇篮等着你，
心爱的小宝宝，
妈妈在等着你。

妈妈你早

谁在早晨向你问好？
妈妈，你早！妈妈，你好！
妈妈，妈妈，你快找我，
是我，你没见过面的小宝宝。

第252天

准爸爸胎教：为新生儿准备早教卡片

宝宝出生后，爸爸妈妈要延续孕期坚持下来的学习习惯，继续对宝宝进行早教，以使宝宝的大脑持续不断地接受新的刺激，更好地发育。宝宝出生后，家里会手忙脚乱一阵子，所以在宝宝出生前就要为宝宝准备好早教用品。今天就来做两张图形卡片吧。

研究发现，新生儿最喜欢看的颜色并不是粉红色或蓝色，而是对比度鲜明的黑白两色。宝宝最喜欢的是模拟母亲脸的黑白挂图，也喜欢看条纹、波纹、棋盘等图形。选择没有反光的白色卡纸，在上面分别画出黑白格和黑色条纹图案，在宝宝出生后第二天就可以开始给宝宝看了。黑白图应在距离宝宝眼睛20厘米处左右移动，促使宝宝视线随卡片移动，每隔3～4天应换一幅图。

黑白条纹

黑白格

第10个月 开始学习一些早教知识

马上就要见到宝宝了，接下来你需要面对的是如何抚养和教育孩子的艰巨任务。提早了解一些育儿理念是非常有必要的。

第37周
已经是个足月儿了

这个时候，胎儿的身体发育基本完成，是个健康的小宝宝了！他的头部现在已经浅浅地进入骨盆，为降临人世做准备。

✻头发又长又密

这时候，很多胎儿的头发已经长得又长又密了，但是准妈妈准爸爸不必对他的头发颜色或疏密状况过多地担心，因为这个时候的头发情况并不决定出生后的情况，宝宝出生后随着营养的补充，头发会变得浓密、光亮。

✻脑细胞数目与成人基本相同

这一周，胎儿的脑细胞数目已基本发育完成，他的大脑中有130亿～180亿个脑细胞，数目已与成人基本相同。随着预产期的临近，胎儿变得越来越安静。

✻手脚肌肉发达

胎儿现在外表皮肤呈淡红色，皮下脂肪组织发育良好，无褶皱，体形渐渐胖而圆。手、脚的肌肉已变得发达，骨骼已变硬。

✻准妈妈阴道出血，要警惕前置胎盘或胎盘早剥

准妈妈在孕晚期如果出现前置胎盘或胎盘早剥的现象，通常会突然出现阴道大量出血。此外，子宫颈长息肉或是癌症的发生，也会出现阴道流血现象，应及时就医。入院后，医生先要检查胎儿的心跳是否仍然存在。如果心跳仍在，只是有所减弱，可能要立即将胎儿产下。

✻准妈妈胃口好转

因为胎宝宝位置下降，准妈妈会感觉胸部下方和上腹围轻松起来，胃口也好了。准妈妈的憋闷感减轻，尿频、便秘、腰腿痛明显加重，阴道分泌物增加。胎盘的功能也逐渐退化，直到胎宝宝分娩出即完成使命。

第253～254天

胎教的完成是生产

精子和卵子相遇过了九个月，已经到了第十个月。终于可以感受到孩子的诞生。

在母亲的子宫内成长的孩子，使出全身力气经过母亲的产道。实际上越接近生产，母亲的产道会因为激素的作用变得越柔软，但孩子的身体不会那么容易出来。

出生对母亲而言是件痛苦的事，然而孩子也需要辛苦的努力。孩子用从胎内听见的母亲的声音和歌声得到勇气，在最大的收缩下缩起身体从产道中挤出，来到肚子外面。这就是胎儿见到世界的过程。

离开黑暗狭窄的母亲产道时，孩子从母亲身上得到最后的胎教，出生后一定要呼吸的孩子，身体贴附在狭窄的产道上使肌肤得到刺激，肌肤的刺激启动大脑的呼吸中枢。

自然分娩的理由之一是胎儿的肌肤受到刺激。同时，有规律的子宫收缩及经过产道时的挤压作用，可将胎儿呼吸道内的羊水和黏液排挤出来，新生儿湿肺、吸入性肺炎的发生率可大大减少。生产可说是母亲最后的胎教。为此建议准妈妈在身体状态允许的情况下尽量选择自然分娩。有研究指出，自然分娩的孩子智能指数、消化能力和免疫力较优异。要记住为了胎儿最后的胎教，尽量自然分娩。

第255～256天

营养胎教：缓解胃灼热的饮食

到了孕晚期，不少准妈妈经常会感到胃部有灼热感，晚上尤其明显。这是由于孕晚期巨大的子宫和胎儿都会对胃部产生较大的压力，使胃排空速度减慢，胃液在胃内滞留时间较长，容易使胃酸反流到食管下段，从而引起灼热感。

❋有助于缓解胃灼热的饮食

1.在孕晚期，应避免食用容易引起胃肠不适的食物和饮料，如碳酸饮料、咖啡、巧克力、酸性食物、肉类熟食、薄荷类食物，以及味重、辛辣、油炸或脂肪含量高的食物。

2.白天尽量少食多餐，不要使胃部过度膨胀，以减少胃酸反流。睡前两小时不宜进食，入睡时适当垫高头部，可避免胃液反流到食道。

3.饭后半小时内避免卧床，可站立一会儿，或者在室内走动5分钟左右。

4.多吃富含β-胡萝卜素的蔬菜，以及富含维生素C的水果。像胡萝卜、甘蓝、红椒、青椒、猕猴桃以及一些谷类食物和水产品都是不错的选择。

5.在轻松的环境中慢慢进食，避免每餐吃得过饱。不要在吃饭时大量喝水或饮料，以免胃胀。吃东西后嚼一块口香糖，可刺激唾液分泌，有助于中和胃酸。

6.临睡前喝一杯热牛奶，也会有较好的效果。

这种胃灼热感通常在孕晚期出现，分娩后消失。未经医生同意，准妈妈不要擅自服用治疗消化不良的药物。

第257～259天
睡前故事：《雪人去哪儿了》

冬天，北风呼呼地吹，雪人孤零零地站在山坡上。有一群小动物说要下山去找春天。雪人问：“春天是什么样的？”小动物们说：“春天可漂亮呢！我们一定给你带回春天的礼物！”

小动物们蹦蹦跳跳下了山。深山里只剩下雪人耐心等着小动物们给它送来春天的礼物。

山下，小河边开满了鲜花，蝴蝶在飞舞，小鸟在歌唱……春天真是美极了！

小动物们采了许多花，向山上跑去。

咦，雪人到哪儿去了呢？

“雪人！雪人！你在哪儿呀？我们给你带回了春天的礼物！”它们把鲜花放在雪人站过的地方。

问一问大宝，问一问妈妈肚子里的胎儿：雪人去哪儿了呢？什么时候再来呢？

第38周

皮肤光滑的小宝宝

本周，胎宝宝的头部已完全入盆，被周围的骨盆骨架保护着，头部能在盆内摇摆，同时他有更多的空间放自己的小胳膊、小腿和小屁股了。

各器官已就位

现在，胎宝宝的各个器官发育完全并各就各位，脑部开始工作，肺部表面活化剂的产量开始增加，使肺泡张开，脑部和肺部会在出生后继续发育成熟。

皮肤变得光滑

这一周，胎宝宝身上覆盖的一层细细的绒毛和大部分白色的胎脂还在逐渐脱落，并随着羊水被吞入胎宝宝的肚子里，储存在他的肠道中，出生后随胎便排出。宝宝的皮肤变得光滑，胎毛正在消失。皮肤在光滑的同时也会变得厚一些，苍白一些。这个时期的胎宝宝还很安静，很少剧烈活动，85%的胎宝宝会在预产期两周内出生。

准妈妈出现“现血”现象

这一周，准妈妈可能会有“现血”的现象，即子宫颈变软及变薄后，黏液栓塞会和血液混合流出阴道，谓之现血，此种出血是一种正常的现象，是子宫颈为分娩做准备而扩大，表示接近分娩的开始，无须太过担心。

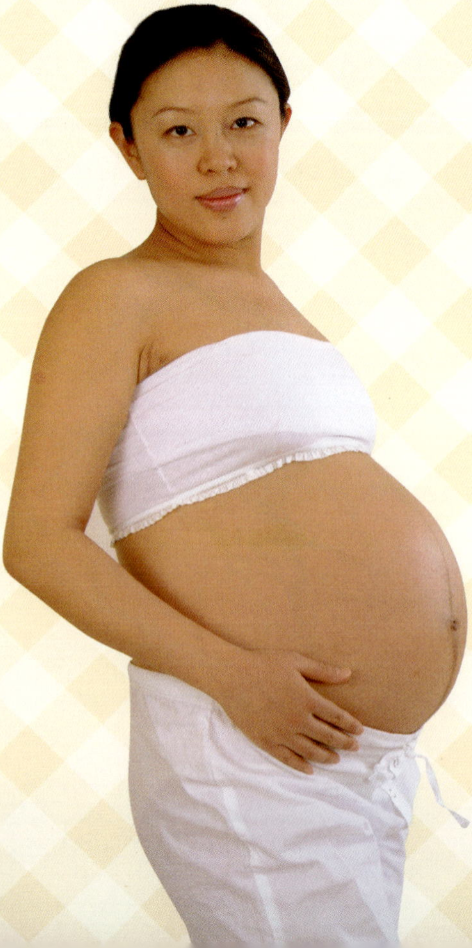

第260～261天 分娩前应注意的事项

避免精神紧张

分娩是一种正常的生理现象，若已做好产前检查，又未发现什么异常，每个产妇都能平安生下宝宝。即使有些小问题，也不要害怕，应相信医护人员能够根据情况采取相应的治疗措施，保障母婴的健康、安全。这个阶段，准妈妈最重要的就是放松心情，避免紧张情绪。

分娩过程中不要憋着大小便

在分娩过程中，产妇要保持每两三个小时排尿一次。另外，临产前应排净大便，以利于胎儿下降，还可预防腹压增加。

要保持正常饮食

分娩过程因人而异，有的人分娩过程会较长，要消耗大量的能量和水分，而产妇在宫缩时都需要充足的体力。如果因为紧张而不吃不喝，能量得不到补充，必将影响体力的发挥。因此，产妇在临产前要适量进食一些食物，应选择营养丰富且易于消化吸收的食物，像米粉或面条、煮鸡蛋、蛋羹等。如果产程比较长，中间还应加餐几次。

掌握分娩技巧

产妇要学会正确呼吸，当子宫收缩开始时，要自然缓慢地深吸气；收缩过后，慢慢呼气。在子宫口开全后，收缩强烈，产妇可用力握住床边的把手，并向下屏气。若宫缩强烈，疼痛难忍，吸气时，可用双手从下腹部两侧按摩到腹部中央；呼气时，再从腹部中央按摩到腹部两侧，反复多次或用手压迫腹部最不舒服的部位，都有减轻疼痛的效果。

不要走远了

不知道什么时候，会在哪儿开始宫缩，因此要避免一个人在外走得太远，散步也仅限于小区内，如去远处，要将地点、时间等告知家人，以免临时出现分娩征兆，自己无法应对。

第262～263天

练习分娩技巧，调节紧张焦虑的情绪

现在，宝宝即将到来的喜悦之情和临产的紧张心情交织在一起，准妈妈要调整好心态，多练习分娩技巧，增强顺产的信心，缓解紧张焦虑的情绪。

练习分娩时如何用力

第一阶段：均匀呼吸，不用力。这时宫口还未开，宫缩时慢慢深吸气，慢慢吐出；宫缩间歇期，最好闭眼休息，养精蓄锐。

第二阶段：用尽全力，屏气使劲。这时宫口已开，宫缩时双腿屈曲分开，两手抓住产床手柄（或陪产人的手），像解大便一样用力向下，时间越长越好，以增加腹压，促进宝宝娩出。宫缩间歇时，充分放松休息，下次宫缩时再开始用力。

第三阶段：再次用尽全力。宝宝娩出一部分了，这时可按第二阶段的屏气法用力，用尽全力，以加快胎盘的娩出，减少出血。

分娩时会适得其反的做法

1.大声呻吟或大喊大叫。这样做不仅不能减轻疼痛，反而可能会引起过度换气，致使母体缺氧，影响血液循环，还会过多消耗体力，到真正需要用力时无力可使。

2.在第一阶段就屏气用力，这样会过早地消耗体力，而且长时间屏气易导致呼吸性酸中毒。

3.胎头即将娩出时，仍向下屏气用力，这样可能会使宝宝娩出过快，造成会阴部裂伤。

注意调节情绪

即将临产，准妈妈要保持轻松愉悦的心情，此时胎教的任务还没有完成。一定要振奋精神，将胎教进行到底。

准妈妈要常在心里祈求母子平安和顺产，而不要对生产充满焦虑。准妈妈可以常对胎儿说：“我的宝宝，妈妈好盼望这一天。你一定很想和妈妈见面了，是吗”这些充满爱的交流可以促进母子之间情感的建立和心灵的沟通。此时准妈妈一定要调节好自己的情绪，不要对分娩过于恐惧和担忧，忌急躁不安，否则会对胎儿的情绪带来较大的刺激。

第264～266天

准爸爸胎教：帮助准妈妈战胜分娩恐惧

多数准妈妈由于没有分娩经验，随着预产期的到来，难免会感到紧张和不安，对分娩产生恐惧心理。为了顺利分娩，需要准爸爸来帮助准妈妈克服这种恐惧心理，共同面对即将到来的分娩时刻。

分娩恐惧不利于生产

当精神紧张时，准妈妈对氧气的消耗量会大大增加，影响给胎儿供氧。同时，紧张还容易影响分娩时正确地用力，生产时会浪费很多力气，影响产程。另外，在紧张的情况下，疼痛感会更敏锐，而加剧的疼痛会造成情绪进一步紧张，对分娩是很不利的。

战胜分娩恐惧，准爸爸可以这样做

1.分散准妈妈的注意力。可以趁准妈妈不备时给将要出生的宝宝买件漂亮的衣物，或者给她买一件礼物，给她一个惊喜。

2.多了解一些分娩知识，耐心给准妈妈讲解，并在准妈妈需要的时候给予提醒，告诉她分娩其实是可以控制的，不会出现问题，消除她对分娩未知的不安和紧张情绪。

3.配合准妈妈练习一些分娩技巧，比如生产时的呼吸技巧、用力技巧、吃东西的技巧等，让准妈妈建立分娩的自信。

4.对准妈妈进行心理辅导，告诉她分娩不可怕，每一个准妈妈都具有顺利生下宝宝的能力，因此她也一定会顺利的，只要保持积极的心态，就一定能顺利分娩。

5.咨询医生采取什么样的分娩方式最合适，做到心里有谱，不会到临产时慌乱。

6.平时多多陪伴准妈妈，以缓解准妈妈临产前的不安心理。

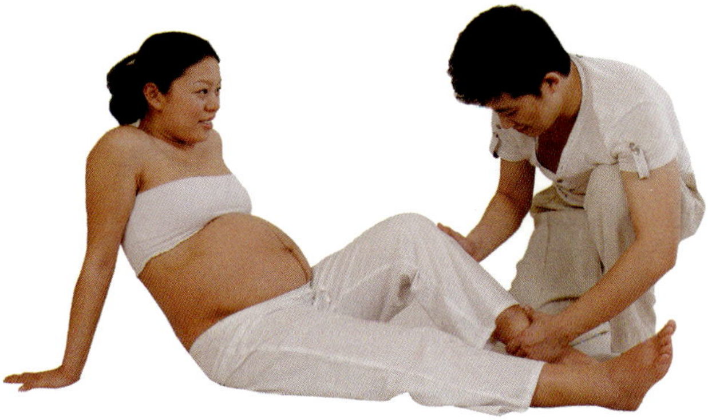

第39周

随时做好分娩准备

本周开始，你的子宫已经充满了骨盆和腹腔大部分空间，行动更加不便，因此要注意小心活动，避免长时间站立，洗澡的时候避免滑倒等。准妈妈要好好休息，密切注意自己身体的变化，随时做好临产的准备。

胎儿体重仍在增长

39周的胎儿体重3200克～3400克，有的宝宝出生时体重可以达到4000克以上。在通常情况下，男孩出生时的体重会比女孩重一些。胎儿的体重在本周会继续增加，充足的脂肪储备会帮助孩子在出生后进行体温调节。胎儿此时身体各器官都已发育完成，肺是最后一个发育成熟的器官，通常是在宝宝出生后几个小时内才建立起正常的呼吸方式。

随时准备出生

宝宝在本周的活动越来越少了，似乎安静了很多，这是因为胎儿的头部已经固定在骨盆中，随着头部的下降，宝宝便会来到这个世界上。

选择适合你的分娩方式

分娩方式有两种：经阴道分娩和剖宫产。阴道分娩又包括自然分娩和仪器助产分娩。

健康的准妈妈，如果骨盆大小正常、胎位正常、胎儿大小适中，无各种不适宜分娩的并发症，无医疗上剖宫产的手术指征，医生会鼓励自然分娩。

剖宫产作为一种手术，尽管现在已是一种非常成熟的技术，但仍然像其他外科手术一样，会有一定的风险和并发症。所以，除非有医疗上的手术指征，医生不会建议准妈妈去做剖宫产手术。

与阴道分娩相比，剖宫产具有以下一些弊端：出血多、卧床时间长、住院时间长、增加住院费用、产妇恢复慢，以及一些外科手术伴有的并发症。

第267～268天

营养胎教：分娩当天怎么吃

进入孕期的最后阶段，因为不管是准妈妈还是家人都难免会感到紧张，很多时候由于紧张、慌乱而忽略了准妈妈的饮食，所以在这里要引起重视。

易于消化吸收的食物

一般情况下，初产妇的产程需要12个小时左右，经产妇只需6～8小时。产妇可以吃一些易消化吸收、少渣、可口味鲜的食物，如排骨面条、牛奶、酸奶、巧克力等，要吃好、吃饱，为自己积攒足够能量。否则，产妇就可能会因为身体疲劳而引起宫缩乏力、难产、产后出血等危险情况。

清淡稀软的粥面

分娩当天的饮食应稀、软、清淡，以补充水分、易消化的食物为主。产妇可以先喝一些热牛奶、热粥等，牛奶不仅可以补充水分，还可以补充分娩时所需要的能量；粥类甜香可口，有益于脾胃，非常适合产后新妈妈食用。

推荐两种营养粥

小米鸡蛋红糖粥：把适量小米淘洗干净，加水煮至汤稠米烂，淋入蛋液，煮沸，再加适量红糖溶化后食用。小米含有多种维生素、氨基酸、脂肪和糖类，营养价值较高，对于产后气血亏损、体质虚弱的新妈妈有很好的补益作用。

莲藕粥：莲藕洗净、去皮、切成薄片，再将适量粳米洗净，两者一同下锅，加适量水大火煮沸，再用小火煲30分钟。此粥营养丰富，健脾开胃，有助于清除瘀血，适合分娩后身体虚弱、恶露未尽的新妈妈食用。

第269～270天 为你读诗：《开始》

做母亲的感觉是怎么样的？是期盼，是幸福，还是有些激动或者是有些莫名的不安？也许你早已习惯了做妈妈的女儿，却没有想到自己有一天也成了母亲，那复杂的情绪一起涌起，一时间也表达不出自己的心情。一起来分享著名诗人泰戈尔的散文诗吧，也许你能从中找到答案。

开始

“我是从哪儿来的，你，在哪儿把我捡起来的？”孩子问他的妈妈说。

她把孩子紧紧地搂在胸前，含泪微笑着回答——

“你曾被我当作心愿藏在心里，我的宝贝。

“你曾存在于我孩童时代玩的泥娃娃身上；每天早晨我用泥土塑造我的神像，那时我反复地塑了又捏碎了的就是你。

“你曾和我们的家庭守护神一同受到祀奉，我崇拜家神时也就崇拜了你。

“你曾活在我所有的希望和爱情里，活在我的生命里，我母亲的生命里。

“在主宰着我们家庭的不死的精灵的膝上，你已经被抚育了好多代了。

“当我做女孩子的时候，我的心的花瓣儿张开，你就像一股花香似地散发出来。

“你的软软的温柔，在我的青春的肢体上开花了，像太阳出来之前的天空上的一片曙光。

“上天的第一宠儿，晨曦的孪生兄弟，你从世界的生命的溪流浮泛而下，终于停泊在我的心头。

“当我凝视你的脸蛋儿的时候，神秘之感淹没了我，你这属于一切人的，竟成了我的。

“为了怕失掉你，我把你紧紧地搂在胸前。是什么魔术把这世界的宝贝引到我的手臂里来呢？”

第271～273天 准爸爸胎教：继续制作早教卡片

今天，我们来继续为新生宝宝准备早教智能训练卡片：宝宝喜爱的黑白图案。

新生儿出生后，每天要给他看3次以上，一定要在他精神状态良好、吃饱喝足的状态下进行。新生儿看图方式为扫描式，所以即使他在认真看图时，看上去也不见得在凝视图，所以新手爸妈一定不要着急。请注意，宝宝不愿看时千万不要勉强。看图结束时吻一下宝宝的脸，不要忘记表扬他："宝宝今天好认真哦，真是个爱学习的好宝宝。"

电视节目中介绍过日本和美国婴儿出生时的情况。出生后，婴儿立即睁开眼睛看周围，一旦同母亲的视线碰在一起，婴儿就会目不转睛地注视着母亲。不一会儿，他就会找到母亲的乳房，并开始吃奶。出生还没有几分钟，母亲和婴儿的视线就交织在一起，看到婴儿的这种反应，就连协助拍摄电视节目的医生都为之吃惊。

由此可见，从生命孕育开始，胎儿就在感受着母亲内外环境的"教化"。所以说，新生儿教育的前驱就是胎儿教育，而新生儿教育则是胎教的延续和胎教成果的展现，每一天都不要忽视对新生儿的优质教育。

第40周 呱呱坠地的小生命

鲜活的小生命即将降生

本周，胎儿身体内的所有器官和系统都已发育成熟，随时可以出生了。现在，胎儿的重要生命线——胎盘正在老化，传输营养物质的效率在逐渐降低，到宝宝出生时它的使命就完成了。同时，胎儿所处的羊水环境也有所变化，原来清澈透明的羊水变得混浊，变成乳白色液体。

正在等待呼吸第一口空气

宝宝现在正在等待着呼吸第一口空气，当他出生后第一次呼吸时，会激发心脏和动脉的结构迅速产生变化，从而使血液输送到肺部。宝宝出生后的第一声啼哭通常没有眼泪，因为他的泪腺功能还没有开发，这种情况会持续到出生后2～3周。

从一个细胞到2亿个细胞的蜕变

胎儿的内脏和神经系统功能已经健全，手脚肌肉发达，富有活力，感觉器官和神经系统变得敏锐、成熟。从一个小细胞发育到2亿个细胞，胎儿经历了十个月的完美蜕变旅程。看到眼前的这个小生命，是不是感叹生命的神奇呢？

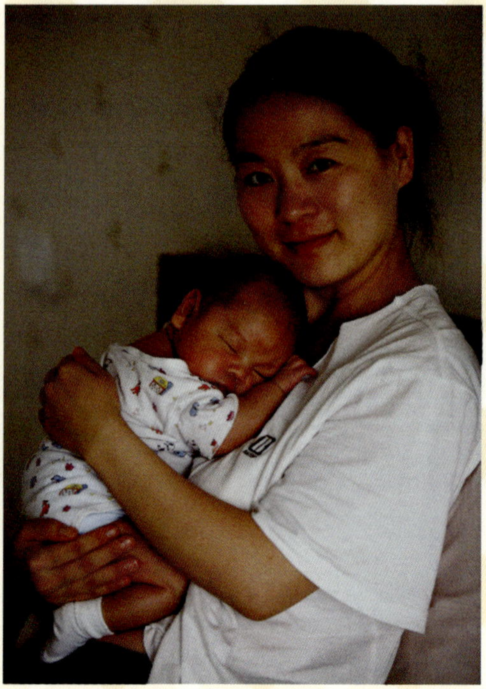

第274～275天 每个孩子都是天才

人生来就具备一种特殊的能力，隐秘地潜藏在人体内，这种潜在能力就是天才。天才并不是只有少数人才具有的禀赋，而是每个人身体里都潜藏的。要想造就更多的天才，最重要的就是及早挖掘、诱导孩子自由地发挥出这种潜在的能力。孩子出生后，能逐渐适应外部的环境，并且在不断接触外界环境中认识世界，增加知识，学习生存本领，这都是大脑的功能。因此，与让孩子天生拥有一个聪明的大脑相比，从小注意开发孩子的智力更加重要。

新生儿的大脑一般有350克～390克重，1岁时达到出生时的2.5倍，3岁时为出生时的3倍，到4岁后就接近成人水平了，一般成人的脑重为出生时的4～5倍。

人脑的生长高峰期，就是脑发育的关键期，这个时期孩子对有利或不利的刺激影响最敏感，所以0～3岁是孩子身体、心理发育的关键时期，也是打基础的时期。在这个阶段，只要爸爸妈妈加强自身修养，言传身教，在生活中教育好孩子，孩子就有可能在长大后成为“优秀人才”。

儿童潜能递减法则

儿童虽然具备潜在能力，但这种潜在能力是遵循递减法则的。比如说生来具备100度潜在能力的儿童，如果从5岁开始教育，即便是教育得非常出色，那也只能成为具备80度能力的成人。这就是说，教育开始得越晚，儿童的能力实现得就越少。

第276～277天 教育从出生之日开始

从宝宝出生的第一天起，就可以开始对其进行教育了。这种教育是细小和琐碎的，看上去只是一些自然而又简单的动作：搂抱、轻拍、对视、对话、微笑；宝宝饿了、渴了、不舒服了，爸爸妈妈都要以最敏锐的感觉去感知宝宝的需要并尽快满足他。这样，他的智力发育机制和反应能力在出生那天就被调动起来，而不至于因为没有被重视而逐渐变得迟钝。

爸爸妈妈对宝宝的关爱，对孩子应付压力和形成社会关系那部分“大脑回路”的发育起着关键的作用。孩子在其生命之初所经历的爱、信任和鼓励，会成为其大脑结构和功能的永久部分。所以，及时与新生儿进行交流，即是对他的“教育”，可以在第一时间促进孩子对世界的认知，促进孩子的脑神经发育。

视觉交流

妈妈在喂奶时（包括人工喂养），如果一直微笑着看着孩子，大多会得到孩子甜蜜的微笑，这种对视可以促进孩子心理的健康发育。

触觉交流

孩子依偎在妈妈温暖的怀里吃奶时，大脑中会产生安全、甜蜜的信息刺激，这对孩子的智力发育起着催化作用，妈妈经常抚摸、拥抱孩子，也会获得同样的效果。

嗅觉交流

孩子的嗅觉相当灵敏，刚出生几天的孩子，就能闻出气味的好坏。所以，婴儿期的孩子，最好由妈妈陪睡。如果陪睡的人不停更换，孩子的心理会经常处于没有安全感的紧张状态，睡眠的时间和质量都会大幅度下降，严重的还可能导致孩子发育迟缓和幼儿期心理障碍。

听觉交流

孩子在出生1周后，就能分辨出人声或物声。当妈妈和孩子说话时，他会手舞足蹈，一副满足的模样。孩子的大脑正在急速地发展，多和孩子“对话”，可以使孩子很快就牙牙学语，为以后语言发展奠定良好的基础。

第278～280天 时刻关注新生儿

新生儿在吃饱后1小时左右会有10分钟到半小时的觉醒时间，爸爸妈妈可以利用这段时间进行一些训练。

让小手有事可做

刚出生的孩子小手常常紧握成小拳头，大约3个月后才能慢慢放松。只要孩子醒来，爸爸妈妈可以让他抓握父母的手指，经常给宝宝揉揉手心、捏捏手指。多动手，孩子的大脑才会聪明，因为人的手指运动中枢在大脑皮层中所占的区域最广泛。孩子多活动自己的手，大脑相应的部位就会越发达。

很多爸爸妈妈担心刚出生的孩子会用指甲划破皮肤，就给孩子戴了一副小手套，这样做很不利于孩子的手和外界接触，感受不到冷热软硬，会影响孩子的精细动作发育和智力发育。此外，也不要强迫禁止宝宝吃手。婴儿吃手，只是他天生的吸吮反射功能作用下的活动，在孩子吃手的过程中，嘴里的感觉和手部的感觉同时传达到他的大脑里，这是无比奇妙的感受。

婴儿认识自己的过程是比较缓慢的，认识手也要花费较长的时间。为了让孩子尽早发现自己的手，并理解手的作用，父母要尽量让孩子的手发挥多种功能，就是说，让孩子的手有事可做。

听觉和视觉训练

孩子觉醒的时候，妈妈在孩子耳边距离10厘米左右，轻轻呼唤他的名字，使孩子听到声音转过头来，还可以和孩子面对面说话，让他注视妈妈的脸，妈妈慢慢转动头的位置，设法使孩子的视线随着移动。

附录 准妈妈一日胎教计划模板

时间	胎教内容
7:00	起床，跟胎儿打招呼、说话。
7:00～7:30	户外散步。
8:00～9:00	吃早餐、饭后休息。
9:00	进行音乐胎教：听音乐的内容可根据自己的实际情况进行选择。上午适合听一些轻松活泼的音乐。
9:30	休息，如喝水、吃水果零食等。
10:00	进行语言胎教。听一个童话故事，或者朗诵一首古诗，阅读图画美丽的幼儿画报等。
11:00	上网，随意浏览，获取信息。
12:00～13:30	做午饭，吃午饭。
14:00	午休。
15:00	起床，喝水，吃水果。
15:30	进行音乐胎教。
16:00	阅读报纸、书籍半小时。
17:00	准备晚饭。
18:00	户外散步半小时。
19:00	吃晚饭。
20:00～21:00	户外散步。
21:00	看书，给胎儿讲故事。
22:00	洗澡，准备睡觉。
22:30	准时睡觉，同时进行抚摩胎教。这个时候胎动时间长，适合抚摩胎教。